중국의 고구려사 왜곡

차례
Contents

03 '동북공정'의 배경 12 '동북공정'의 내용 20 고구려는 중국의 지방정권인가 29 고구려의 역사적 정체성 문제 41 고구려사 왜곡에 대한 대처 과정 56 앞으로의 대응 방안 66 에필로그 69 부록

'동북공정'의 배경

고구려사는 중국사?

중국 국무원 산하 사회과학원 직속 변강사지연구중심(邊疆史地研究中心)에서는 2002년 2월부터 '동북변강의 역사와 현상에 대한 연속 연구공정'(이하 '동북공정(東北工程)'이라 약함)이라는 국가적 프로젝트를 5년 계획으로 추진 중에 있다. 이는 중국 동북 지방의 역사와 현실 문제 등을 다루는 국가 차원의 중점 프로젝트라고 할 수 있다. 그런데 이 '동북공정'에서 다루는 것들 중 고구려를 비롯한 고조선과 발해 등 한국 고대사와 관련된 문제들이 우리의 역사를 왜곡하고 있어 한국의 정부와 학계, 언론 및 국민들에게 초미의 관심사로 떠올랐다.

중국은 1990년대 이후 고구려사를 중국 소수민족의 지방정권, 즉 중국사의 일부라고 주장하며 역사를 왜곡해 왔다. 그 방편으로 일부 학자들 또는 연구기관들이 주축이 되어 고구려사를 중국사로 귀속시키려는 연구 프로젝트가 진행되기도 했다(한편 2001년에 출간된 중국의 세계사 교과서와 중국사 교과서에는 고구려가 한국의 역사로 서술되어 있다).

그런데 2002년 2월 '동북공정'이 시작된 이후로는 중국의 국무원 산하 사회과학원 직속 변강사지연구중심에서 주도적으로 고구려의 역사를 왜곡하고 있다. 이것은 종래와 달리 정부기관이 앞장서서 고구려를 중국사로 편입시키는 작업을 하고 있다는 데 문제의 심각성이 있다. 또한 이것은 역사 왜곡이라는 문제에만 그치는 것이 아니라 국경 문제 등, 영토 문제와도 관련이 있으며, 국가 전략적 문제와도 관련이 있는 정치적 프로젝트라고 할 수 있다.

동북공정을
주도하는 중국
변강사지연구중심

예컨대 조선족의 정체성을 관리하기 위한 문제와 관련이 있는데, 이는 중국 국내 문제이기 때문에 우리가 관여할 바는 아니다. 그러나 급변하는 한반도의 정세에 따라 국경 문제 등, 영토 문제와 관련이 있으며 북한정권의 변화에 따라 한반도 북쪽 지역에 대한 연고권과도 관련이 있음을 감안하면, 이는 국가 전략적 차원에서 대비해야 할 문제라고 할 수 있다.

이와 같이 '동북공정'의 고구려사 왜곡 문제는 중국의 고구려사 왜곡 문제뿐만 아니라 영토 문제와 같은 국가 전략적 문제와 맞물려 있는 문제이다. 따라서 중국 당국이 '동북공정'이라는 국가적 프로젝트를 추진하게 된 배경을 알아보고, 그 내용을 고구려사 연구 동향을 중심으로 소개하고자 한다. 그리고 고구려의 역사적 정체성을 고찰하고, '동북공정'의 고구려사 왜곡에 대한 우리의 대처 과정과 앞으로의 대응 방안을 살펴보도록 하겠다.

중국은 1980년대 개혁개방 정책을 추진하면서 '통일적 다민족국가론'을 내세워 소수민족 정책에 대해 각별한 관심을 갖기 시작하였다. 특히 소수민족들이 모여 사는 신장 위구르 자치주와 운남성 등 국경 지방에 큰 관심을 기울이게 되었고, 이에 1983년 사회과학원 직속으로 국경 지방의 역사와 지리에 대한 연구를 수행하는 '중국 변강사지연구중심'을 설립한 것이다. 이후 중국은 1989년 동구권이 변화하고, 1991년 소비에트가 해체되면서 국경 지방의 소수민족 문제에 더욱 관심을 갖게 되었으며, 1992년 한국과 중국이 수교한 이후에는 동북 지방에 대한 관심은 더욱 각별해진다. 때문에 한국인들이 이 지역을 방문해 고구려와 발해의 유적을 답사하면서 한국 역사와 관련된 발언을 했을 때 매우 긴장하였으며, 한국인들의 출입을 감시하고 통제하기도 하였다. 특히 조선일보가 주최한 '아! 고구려' 특별전에 한국인들이 큰 관심을 보이자 매우 놀랐다고 한다. 1993년 고구려 학술회의에서는 중국 학자들과 북한 학자들 사이에 열띤 논쟁이 벌어지기도 했는데, 이후 북한과 중국은 고구려사에 대해 함께 학술회의를 가진 바가 없다.

한편 중국 당국은 조선족들이 코리안 드림을 꿈꾸며 한국으로 몰려가는 것을 보며, 조선족들의 정체성에 대해 불안감을 드러내기도 하였다. 더구나 1990년대 중반 이후 탈북자들이 대거 중국으로 넘어오는 사태가 빚어지자, 중국은 급기야 동북 지방의 정체성에 대해 매우 심각하게 고민하는 한편, 이에 대한 대책을 세우게 되었다. 중국은 탈북자들에게 난민의 자격을 부여하지 않고 있는데, 이는 만약 탈북자들을 난민으로 인정했을 경우 더욱 많은 탈북자들이 발생할 공산이 크기 때문이다. 이즈음 중국은 동북 지방의 연구기관들을 통해 동북 지방의 역사와 지리 및 민족 문제와 관련된 프로젝트를 진행하기 시작하였다. 이때부터 본격적으로 고구려를 중국의 소수민족 지방정권으로 보고, 고구려사를 중국사의 일부로 편입하려는 연구결과들이 활발하게 발표되었던 것이다.

필자가 1999년 봄 학기 북경대학교 역사계(사학과) 대학원에서 강의를 할 당시, 수업에 참여하는 교수들, 대학원생들과 함께 발해와 고구려의 귀속 문제를 놓고 자주 토론을 벌였다. 그들은 발해사가 당연히 중국사의 일부라고 주장하였으며, 일사양용론(一史兩用論)을 내세워 고구려는 한국사도 될 수 있고 중국사도 될 수 있다고 주장하기도 했다. 즉, 평양으로 천도하기 이전의 고구려는 중국사이며, 평양 천도 이후의 고구려는 한국사라는 이야기이다. 결국 지금의 국경을 기준으로 중국 영토 내의 고구려는 중국의 역사이고, 영토 밖의 고구려는 한국사라는 것이다.

이는 현실적 목적에 따라 옛것을 활용한다는 소위 '고위금용(古爲今用)'에 의한 것이다. 과거에는 중국과 북한의 국경을 확실하게 하기 위해 고구려의 역사를 놓고, 평양 천도 이전은 중국사이며 평양 천도 이후는 한국사라고 하였으나, 이제는 한반도의 이북, 즉 북한 지역에 관심을 갖고 영향력을 행사하려는 의도에 따라 고구려의 역사를 모두 중국사로 주장하는 것이다. 이것이 바로 현실적 목적에 따라 역사를 왜곡할 수도 있다는 논리이다.

그런데 2001년 한국 국회에서 재중동포의 법적 지위에 대한 특별법이 상정되자 중국 당국은 조선족 문제와 한반도의 통일과 관련된 문제 등에 대해 국가 차원의 대책을 세우기 시작한 것으로 보인다. 더구나 2001년 북한이 유네스코(UNESCO)에 고구려의 고분군을 세계문화유산으로 등록하려고 시도하자, 이에 자극받은 중국이 국가적 프로젝트인 '동북공정'을 기획

하고 추진하게 된 것으로 보인다. 그해 중국의 문화부 부부장이 평양을 방문, 고구려 유적을 공동 등재하자고 제안하였으나 북한 당국은 이를 거절하였다.

만약 북한이 등록 신청한 고구려 고분군이 세계문화유산으로 지정받게 되면, 고구려사를 중국의 역사라고 주장하는 중국 측의 명분이 사라질 가능성이 많아진다. 따라서 중국은 북한이 신청한 고구려 고분군이 세계문화유산으로 등록되는 것을 지연시키는 등 사실상 방해공작을 펼쳤고, 2003년 봄 오히려 집안(集安)시 주변의 고구려 고분군을 세계문화유산으로 지정해 줄 것을 신청했다. 북한이 신청한 고분군의 실사를 중국 학자가 맡아 관리상의 문제, 접근성의 문제, 주변 지역 유적과의 비교 불충분 등을 이유로 들어 보완을 요구하였던 것이다.

북한이 이러한 미비점을 보완하는 동안 중국은 중국 지역의 고구려 유적을 정비한 후 유네스코에 세계문화유산 등재를 신청하였다. 북한이 신청한 고구려 고분군의 실사를 중국 학자가 담당하게 되었다는 것부터 문제가 있지만, 북한은 이사국이 아니므로 이를 항의하기 어려웠으며 한국은 이사국이지만 설마 하며 이를 문제 삼지 않았던 것이다. 관계자들은 중국이 그렇게 야비하게 나올 줄 몰랐으며, 한국이 신청한 것이 아니고 북한이 신청한 것이므로 적극적일 수 없었다고 말한다. 그만큼 정보가 부족하였으며, 중국에 대해 잘 알지 못하였다는 이야기이다. 사실 이 문제가 불거지게 된 것은 북한이 신청한 고구려 고분군이 2003년 7월 세계유산위원회(WHC)에서 등재가 보류되었기 때문이다. 중국은 중국 지역의 고구려 유적이 세계문화유산으로 등재되도록 철저한 준비를 해왔던 것이다.

최근의 전언에 따르면 중국이 2008년 북경 올림픽과 2010년 상해 해양 엑스포를 겨냥, 이를 세계문화유산으로 지정받아 대대적인 관광자원으로 활용하여 외화를 벌어들이려는 경제적 목적도 있다고 한다. 따라서 동북 지방의 발전을 위한 프로젝트인데, 한국이 너무 과민하게 반응하는 것이 아니냐는 시각도 있다. 그러나 우리가 문제 삼는 것은 '동북공정' 자체가 아니라 '동북공정'에서 고구려사를 왜곡하고 있는 부분이라는 점을 잊어서는 안 된다. 한편, 어떤 사람들은 중국이 동요하고 있는 조선족들의 정체성을 회복시키고자 동북공정을 통하여 고구려사를 중국의 역사로 편입시키려 하고 있다고 보기도 한다. 따라서 이미 조선족들에게 조국관과 민족관 및 역사관의 삼관교육을 시행하고 있다고도 한다.

장기적으로 볼 때, 이것은 남북통일 후의 국경 문제를 비롯한 영토 문제를 공고히 하기 위한 사전 포석으로 바라볼 수도 있다. 지금도 중국 정부는 탈북자들이 계속 중국의 동북 지방으로 넘어오고 있는 것에 대해 매우 민감하게 반응하고 있다. 그래서 이들 탈북자들을 난민으로 인정하지 않고 있는 것이다. 중국 당국이 가장 우려하는 것은, 남한 중심으로 한반도가 통일이 되었을 때 북한의 당 지도부와 군부의 지도부가 무기를 소지하고 중국의 동북 지방으로 넘어올지도 모른다는 점이다. 만약 중국의 우려대로 그렇게 된다면 동북 지방에는 북한의 망명정부와 같은 정치세력이 들어서게 될 가능성이 크다고 할 수 있다. 그럴 경우 동북 지방에는 약 100만의 조선족과 수십만의 탈북자에, 무기를 가진 북한의 지도부가 자리잡게 될 수도 있으므로, 중국 당국은 매우 예민한 반응을 보이고 있는 것이다. 이것은 우리 조상들이 마치 일제시대 만주를 기지로 하여 독립운동을 했던 것과 같은 상황이라 하겠다. 따라서 중국 당국은 2003년, 15만 명의 병력을 압록강과 두만강에 배치하였던 것이다.

한편 중국의 '동북공정' 정책을 북한정권의 붕괴 시 북한 지역에 대한 중국의 연고권을 주장하는 데 그 주요한 목적이 있다고 보기도 한다. 중국이나 미국은 핵을 보유하고 있는 지금의 북한정권에 대해 불안감을 느끼고 있다. 따라서 북한정권이 붕괴된다면 혼란을 방지하기 위하여 중국이 개입할 가능성이 크다. 중국이 개입하게 될 경우 역사적 명분을 내세우기 위해 고구려사를 중국사의 일부라고 무리하게 주장하고 있는 것으로 보는 시각이다.

일본이 5~6세기 한반도 남부를 경영하였다는 소위 '임나일본부설'을 명분으로 '정한론'을 내세운 것과 같은 맥락이라고 할 수 있다. 일본은 임나일본부설을 내세워 한반도의 침략을 정당화하며 '이것은 침략이 아니라 진출'이라고 합리화하였던 것이다. 필자가 영국의 BBC 방송기자와 인터뷰를 할 때

이 부분을 언급하였더니 그는 잘 이해하지 못하였다. 유럽과 아시아의 역사는 사실 그 기반이 매우 다르다. 따라서 부시 미국 대통령이 이라크를 침공할 당시 있지도 않은 생화학무기 제거를 전쟁의 명분으로 삼았던 것을 예로 들자 그제야 이해할 수 있다고 하였다.

한편 북한정권 붕괴 시 친중정권이 들어서도록 중국과 미국 간에 암묵적인 합의가 이루어졌으며, 대만이 분리 독립하는 것도 합의되었다는 이야기가 외신기자들 사이에 돌고 있다. 어떤 국제정치학자는 이를 마치 구한말의 태프트·카츠라 밀약과 같은 것이라고 경계를 촉구하기도 한다. 즉, 미국이 필리핀을, 일본이 조선을 식민지화하자고 당시 외상이던 태프트와 카츠라가 몰래 협약하였던 것을 상기시키고 있는 것이다.

'동북공정'의 내용

동북공정은 중국 정부의 승인을 받아 중국 사회과학원과 요녕성·길림성·흑룡강성 등 동북 지방 3성이 연합하여 추진하는 국책사업으로 2002년 2월 28일에 시작되었고, 그 취지문을 보면 정치적 목적이 분명하게 드러나 있다. 동북공정 사이트(www.chinaborderland.com)에 소개된 동북공정의 개요는 부록을 참조하기 바란다.(부록1)

동북공정의 개요를 보면, 동북변강 지방의 역사와 현상에 대한 연구를 발전시켜 이 지역의 안정을 더욱 강화하고자 동북공정을 추진한다고 나와 있다. 동북공정에서 추진하는 연구 과제를 보면 동북 지방사 연구, 동북 민족사 연구, 고조선·고구려·발해사 연구, 중국과 조선 관계사 연구, 한반도 정세 변화 및 그에 따른 중국 변강 안정에 대한 연구 등이 있다. 동북 지방의 역사뿐만 아니라 한국의 역사와 관계사 그리고 이 지역의 현실 문제까지 포괄적으로 다루고 있다. 따라서 이는 단순한 학술적 프로젝트가 아니라 정치적 프로젝트라는 것을 알 수 있다.

연구 기간은 1차적으로 5년간이며, 연구비는 중국 정부(재정부)가 1,000만 위안, 중국 사회과학원이 125만 위안, 동북 3성이 375만 위안 등으로, 모두 1,500만 위안(약 24억 원)에 이른다. 이것은 단지 동북공정의 학술적 프로젝트에 관한 예산이며, 환인 지역과 집안(集安) 지역의 고구려 유적 정비사업에는 천문학적 예산이 투입되었다. 광개토대왕릉비 주변의 민가 400여 채를 모두 옮겼으며, 심지어 집안시청도 옮기는 등 이 사업에 얼마나 국가적인 차원의 노력을 쏟아붓고 있는가를 알 수 있다. '동북공정'에 대해 처음으로 보도한 「중앙일보」 기사에 따르면 모두 3조 원 정도의 예산이 투입되고 있다고 한다.

동북공정의 고문은 공산당 중앙정치국 위원인 이철영 중국 사회과학원장과 우리의 재정경제장관에 해당하는 황회성 재정부장이 맡고 있다. 중국 사회과학원 부원장과 동북 3성의 부성장 등이 지도팀을 맡고 있는 것으로 볼 때, 중국 정부기관이 이 프로젝트를 국가적으로 그리고 주도적으로 추진하고 있음을 알 수 있다. 주임을 맡은 마대정의 나이는 66세이며, 고구려사 왜곡의 리더인 손진기는 70대 중반, 최근 중국의 고구려사 연구 저서를 발간한 경철화는 50대 중반이다. 따라서 소장학자들이 동북공정을 주도하고 있다는 주장은 전혀 터무니 없는 이야기에 불과하다. 더구나 고구려사를 중국사의 일부로 편입시키기 위해 여러 번의 학술토론회를 거치는 과정에서, 당시 이와 다른 견해를 발표한 학자들을 노장학자들이 야단치기도 하였다고 한다.

1980년대 이래 중국 동북 지방의 역사와 지리에 대한 연구 성과는 저서만 해도 200여 권, 논문은 수천 편에 이른다. 연구 주제는 동북변경과 지방역사에 관련된 것들로 지방사, 변경민족사, 경계연혁사, 조선이민중국사, 동북과 주변 국가 관계사 등에 집중되었다.

2002년 시작된 국가적 프로젝트 '동북공정'은 과거의 연구 성과를 총정리하고, 우수한 연구 역량에 집중하여 역사상 의문시되어 온 문제, 현재 관심이 집중되고 있는 문제, 이론상의 난점을 보이는 문제들을 극복하여 총체적인 연구 수준을 비교적 크게 제고시키고, 이를 기초로 하여 계열화시키며 권위 있는 연구성과를 형성하는 것을 목표로 하고 있다. 이를 위하여 기초연구와 응용연구를 포함한 연구류, 번역류, 문서자료의 3 대 계열로 나누어 연구를 추진하고 있다. 주요한 연구 내용은 고대 중국 변경에 대한 이론연구, 동북 지방사 연구, 동북 민속사 연구, 고조선·고구려·발해사 연구, 중조(中朝)관계 연구, 중국 동북 지방 변경과 러시아 원동 지역의 정치경제 관계사 연구, 동북변경의 사회안정전략 연구, 조선반도의 형세 변화와 중국 동북변경의 안정에 미치는 영향에 대한 연구 등이다.

한국 고대사와 관련된 연구 주제를 살펴보면 '호태왕비 1580년' '발해국사' '기자와 기자조선 연구' '발해사론' '간명 고구려사' '삼국사기역주 및 연구' '발해이민의 통치와 귀속 문제' '압록강 이남의 고구려유지 조사연구' 등이 있다. 한국 고대사와 관련된 번역 과제를 살펴보면, '조선·한국사학계의 고조선·부여 연구논저선편' '조·한학계 고구려의 연구문헌' '국외 발해사연구 자료집' '중·조 변경사' 등이 있다. 이처럼 연구 주제와 번역 주제 가운데 한국 고대사 관련 주제가 상당한 분량을 차지하고 있다.

한편 '동북공정'의 2003년 연구 과제 15개가 공고되어 있는 바, 한국 고대사와 관련된 주제는 '고구려 민족과 국가의 연변' '조선반도 민족·국가의 기원과 발전' '말갈·발해와 동북과 각국·각족 관계사연구' '고구려의 족원과 강역' '발해유지와 현상 조사연구' 등이 있다. 여기에 '동북변강 지구 사회 안정 문제 연구'라는 주제가 포함되어 있는 것을 볼 때 이 지역의 사회안정에 대한 관심과도 연결되어 있다는 것을 짐작할 수 있다.

이상을 살펴보면 한국 고대사에 대한 연구는 고조선과 고구려 및 발해에 걸쳐 있지만, 가장 핵심적으로 집중하고 있는 주제는 고구려로서 이를 전문 주제로 다루고 있음을 알 수 있다. 이 부분이 우리가 특히 주목하고 있는 문제이다. 고구려를 고대 중국의 일개 지방민족정권으로 주장하고 있으며, 과거 중국 학계에 고구려 정권의 귀속에 대한 부정확하고 착오적인 견해들이 다수 존재하였으나, 이제는 대다수의 학자들이 다양한 견해들을 정리하고 있다. 그동안 고구려의 역사에 대해 많은 의견들이 분분했으나 국가적 프로젝트인 '동북공정'을 통해 고구려를 중국의 지방정권으로 단정, 공식적인 견해로 확정해버린 것이다. 중국 측은 그 사실에 대해 몇 가지 이유를 제시하고 있으나 사실에 기초하여 볼 때 수긍하기 어려운 궁색한 변명들이 대부분이다.

중국의 논리와 반박

중국은 고구려가 중국 영역 내의 민족이 건립한 지방정권이라고 주장하나 고구려의 주민은 분명히 예맥족이다. 활동 중심이 바뀌면서 몇 번의 천도가 있기도 했으나 결코 한사군의 범위를 벗어나지 못했다고 주장하지만, 그 이전에 이미 고조선이 있어 한사군이 이 지역을 일시적으로 지배하였다는 것은 중국인들도 인정하고 있는 사실이다.

중국은 고구려가 줄곧 중국 역대 중앙 왕조와 군신관계를 유지하였고, '중국' 밖으로 벗어나기 위해 그 관계를 스스로 끊지 않았다고 주장하고 있다. 그러나 조공과 책봉은 당시 동아시아 전체에 걸쳐 적용된 외교형식이었기 때문에, 이를 근거로 고구려만을 중국의 지방정권으로 규정하는 것은 논리적 모순이기도 하다. 이것은 중국이 백제나 신라, 왜 등과 맺었던 조공책봉 관계와 하등의 차이가 없으며, 베트남의 경우도 마찬가지라 하겠다. 또한 고구려가 당나라에 봉역도를 바쳤다는 것은 그 영역을 바친 것이 아니라 고구려의 영역이 어디인가를 확실하게 하기 위한 행위였다고 볼 수 있는 것이다.

고구려의 멸망 후에 그 주체 집단이 한족에 융합되었다는 것 등을 내세워 고구려가 고대 중국의 지방민족정권이었다는 것이 역사적 사실에 부합하는 것이라는 주장도 있다. 그러나 고구려의 멸망 후 당나라에 강제로 끌려간 사람들도 있지만, 신라로 떠난 사람들도 있으며 대부분의 경우 고구려 지역에 남아 발해의 주민으로 살아갔다. 그런데도 고구려와 고려 및 조선족을 혼동해서는 안 된다는 억지 주장을 펼치고 있는 것이다. 또한 고구려의 고씨와 고려의 왕씨는 혈연적으로 다르며, 시간적으로 250년이나 차이가 나기 때문에 역사적 계승성이 없다고 말을 한다. 그렇다면 중국의 왕조는 한족과 북방민족의 왕조가 번갈아 가며 중원을 차지하였으며, 한족의 왕조도 모두가 다른 성씨이므로 역사적으로 연결되지 않는다고 보아야 할 것인가? 왕조의 계승은 혈연적 계승이 중요한 것이 아니라 역사적 계승성이 중요하다. 중국이 주장하는 논리대로 한다면, 중국의 왕조는 하나도 연결되지 않아 전혀 계승성이 없게 된다.

2003년 7월 9일부터 13일까지 장춘과 통화에서 '제2기 동북변경 역사와 현상 및 고구려 학술토론회'가 개최되었다. 북경 및 동북 3성에서 온 100여 명의 전문학자가 회의에 참석하였으며, 대략 70여 편의 논문이 발표되었다. 중심 논제는 두

가지였는데 하나는 동북변경의 역사와 현상, 다른 하나는 고구려에 대한 문제를 토론하는 것이었다. 이대룡이 편집·심의한 '제2기 동북변경 역사와 현상 및 고구려 학술토론회'의 종합적 서술은 부록을 참조하기 바란다.(부록2)

이 토론회에서는 현재 중국의 강역에서 생활하고 있는 민족과 역사상 현재의 강역 내에서 살다가 이제는 이미 소실된 민족 모두가 중화민족을 구성하는 일부분이며, 그들이 역사상 활동하였던 지역과 그들이 건립한 정권의 강역 모두 중국 역사의 강역을 구성하는 부분이라고 인식하고 있다. 이는 신중화주의에 입각한 매우 위험한 발상으로, 주변 지역의 국가들과 심각한 갈등을 빚게 될 것이다.

지금까지는 '고위금용(古爲今用)'과 '일사양용(一史兩用)'이라는 원칙에 입각해 고구려의 역사 중 평양 천도 이전은 중국의 역사이고 평양 천도 이후는 한국의 역사라고 주장하였는데, 이제는 한 걸음 더 나아가 고구려의 역사 모두를 중국의 역사로 왜곡하고 있기 때문이다. 그것도 국무원 산하 중국 사회과학원 36개 연구소 중 하나인 국책연구소 '변강사지연구중심'이 주도하고 있는 것이다.

회의의 중심 주제가 고구려 문제였기 때문에 그에 관한 수십 편의 논문이 발표되었으나, 그 중 고구려의 귀속 문제가 여전히 학자들에게는 초미의 관심 대상이었다. 여기에 관해서는 의견이 일치되지 않았으나, 대부분 고구려가 중국의 고대 변경민족정권이라고 결론을 내렸다. 이를 통해 국가적 프로젝트인 '동북공정'이 정치적이며 이데올로기적인 학술적 공작이라는 것을 눈치 챌 수 있다.

특히 동북 기타 민족에 대한 연구, 중국과 조선의 관계, 조선의 불법입국자에 대한 문제 등을 학술대회에서 발표하고 토론하는 것을 볼 때 '동북공정'은 단순한 학술적 프로젝트가 아니라 정치적 프로젝트임이 분명하다. 이는 패권주의적 역사관에 근거한 역사 왜곡 행위이며, 정치적 목적만을 좇아 한중 간의 우호적인 관계를 훼손하는 중대한 실수라고 할 수 있다. 더구나 고구려뿐만 아니라 조선시대의 조공 문제와 영토 문제까지 다루고 있어 한국사 전체에 대한 왜곡을 목표로 하고 있음을 알 수 있다.

고구려는 중국의 지방정권인가

    고구려를 중국의 지방정권으로 왜곡하는 본격적인 내용이 변강사지연구중심 홈페이지의 '동북공정' 메뉴보다 '핫이슈' 메뉴에, 즉 남사군도와 조어도 문제와 같은 영토 문제와 함께 기재되어 있다. 이것은 고구려에 대한 역사 왜곡이 단순한 역사적 사실에 대한 왜곡뿐만 아니라 영토 문제와도 관련성을 가지고 역사 왜곡을 저지르고 있다는 것을 극명하게 보여주는 사례이다. '동북공정'의 '고구려에 대한 전문 주제' 중에는 이대룡이 쓴 「고구려는 고대 중국의 일개 지방민족정권이다」, 여성(勵聲)이 쓴 「고구려와 고려 및 조선족을 혼동해서는 안 된다」, 마대정이 쓴 「고구려의 몇 번에 걸친 천도 역사에 대한 개괄적 기술」, 양보륭(楊保隆)이 쓴 「고씨 고려와 왕씨 고려는 다른 성격의 이질적 정권이다」, 마대정이 쓴 「중국 학자들의 고구려 역사 연구의 백 년 역정」 등의 5개 주제의 논설이 실려 있다. 그 중 이대룡이 쓴 「고구려는 고대 중국의 일개 지방민족정권이다」라는 논설의 내용은 부록을 참조하기 바란다.(부록3)

고구려의 종족 문제

고구려가 고대 중국의 일개 지방에 불과한 소수민족정권이었다고 주장하는 근거 중의 하나는 고구려 종족이 한족의 한 갈래였다는 점이다. 즉, 고구려의 선조가 상족에서 분리되었다는 가설을 제기하거나, 고이족을 중국 전설상의 인물 고양씨의 후예로 설정하여 고구려왕조의 후예임을 주장하고 있다. 그러나 그것을 근거로 제시하는 『일주서』는 문제가 많은 사서이며, 고이족은 기원전 10세기경에 등장하는 종족으로 기원전 1세기에 건국된 고구려와 시기가 맞지 않는다. 고구려는 '구려'에서 비롯된 것이며, 고양씨는 전설상의 인물로서 단지 '고'씨이기 때문에 이 둘을 연관시키는 것은 마치 고양이와 고릴라가 '고'자로 시작하기 때문에 혈연적으로 관련성이 있다고 주장하는 것과 마찬가지로 터무니없는 이야기라 하겠다.

또한 귀신 숭배신앙, 태양신 숭배신앙, 난생 국조신화 등은 세계적으로 나타나는 보편적 현상으로, 이를 근거로 한족 계통이라고 주장하는 것은 견강부회라 하겠다. 예맥족이 2세기 초반 현토군과 요동군을 대대적으로 공격하여 현토군을 요동 지방으로 쫓아냈다는 기록이 중국사서에 기록되어 있다. '예맥'이란 명칭은 선진시기부터 요하 동쪽에 거주하며 농경을 영위하던 예족 일반에 대한 범칭이다. '예'와 결부되지 않은 '맥'은 중국 북방의 족속을 지칭하는 것이며, 이들과 압록강 중류 지역의 주민 집단을 직접 연결시킬 수는 없다. 고구려를 이룬 주민 집단은 본래 한반도와 만주 일대에 거주하던 예맥족의 일원이었으며, 기원전 2세기 후반부터는 독자적인 정치 세력으로 성장하였다. 기원전 107년 한무제가 현도군을 설치한 것은 사실이지만, 어디까지나 전한이 고조선을 멸망시키고 설치한 것이므로 압록강 중류 일대가 본래부터 중국의 고유 영토였다는 주장은 성립될 수 없다.

조공과 책봉 문제

또한 중국 측은 고구려가 중국에 조공을 하고 책봉을 받은 것을 문제 삼아 두 나라가 종주국과 복속국의 관계이며, 중앙정권과 지방정권이라고 주장하고 있다. 그러나 조공책봉관계는 남북조시대 중원왕조와 주변 제국의 군장들 사이에 책봉을 통한 외교적 관계에 불과하다.(Chinese World Order) 고구려가 존재한 700여 년간 중국에서는 왕조가 20여 개나 일어났다가 사라졌다. 불과 몇 십 년 만에 없어진 왕조들이 대부분인데, 어떻게 종주국과 복속국의 관계가 이루어질 수 있었겠는가? 오히려 장수왕 시기에는 남조와 북조를 등거리 외교로서 컨트

롤하기도 하였다.

조공과 책봉은 주국이 외국을 상대하는 관계의 한 유형이며, 중국적 세계질서를 규정하는 양식이며, 주변 국가가 중국의 여러 왕조와 맺는 외교관계의 한 형식에 불과하다. 만약 조공책봉관계를 문제 삼아 종주국과 복속국으로 간주한다면, 여기에는 고구려뿐만 아니라 백제와 신라, 왜(일본), 베트남도 해당되며, 고려와 조선까지 해당되므로 우리의 역사는 모두 중국사의 일부가 되어 버리는 것이다. 중국은 조공과 책봉을 근거로 하여 고구려를 중국사로 편입시킨 다음, 어쩌면 한국의 역사 모두를 중국사의 일부라고 주장할지도 모른다. 구한말 조미통상수호조약을 체결할 때 청나라가 조약문에 '조선은 청나라의 속방'이라는 문구를 집어넣자고 하였다가 미국 특사가 본국에 물어보겠다고 하여 본문에서 빼낸 역사적 경험을 우리는 기억하고 있다.

과거에는 조공과 책봉에 대한 연구가 종주국과 복속국의 정치적 관계로 이해되었으나, 조공품보다 회사품(回謝品)이 많다는 데 착안하여, 무역이라는 측면으로 이해가 바뀌기도 하였다. 고려의 경우 일 년에 세 번 송나라에 조공을 하려 하였으나, 송나라가 고려에게 삼 년에 한 번만 오라고 했다는 기록이 있다. 만약 종주국과 복속국의 관계라면 자주 오도록 강요하였을 텐데, 오히려 횟수를 줄이도록 한 것을 보면 정치적 측면보다는 무역의 측면으로 보는 것이 일리 있어 보인다. 미국의 중국사학자들이 조공과 책봉에 대해 몇 년간 연구한 결과 그들은 이를 동아시아의 고전적 국제질서라고 하였다. 즉, 중국을 중심으로 주변 제국이 조공과 책봉을 통하여 국제적 관계를 맺고 있었다는 이야기이다. 다시 말해 조공과 책봉을 통하여 동아시아의 한 일원이라는 자기 존재를 확인하는 절차라고 파악한 것이다.

닉슨 대통령과 모택동이 만날 때, 양국이 서로 자기 나라로 오라고 자존심을 부리자 미국의 중국사학자들이 조공품보다도 회사품이 많다는 점을 들어 닉슨 대통령에게 먼저 중국으로 가라고 충고했다고 한다. 미국 대통령이 중국을 먼저 방문하는 것을 중국인들은 조공하러 온다고 생각할지 모르지만, 이는 회사품이 더 많다는 실리외교를 취한 것이다.

수나라·당나라와의 전쟁

중국은 수와 당이 고구려와 전쟁을 치른 것을 국가와 국가 간 전쟁이 아닌 중앙정권과 지방정권의 통일전쟁이라고 주장하고 있다. 수와 당의 황제가 고구려에 보낸 조서를 근거로 양자의 관계를 파악하고 있으나, 황제의 조서란 대부분이 과장된 것으로 정벌의 정당성을 확보하기 위해 과장된 표현을 사용하는 것이다. 고구려와 수·당과의 전쟁은 70년간이나 지속되었으며, 수나라가 이 전쟁에서 패배하여 왕조가 멸망하는 데까지 이르렀다는 것은 중국인들도 잘 알고 있다. 이 전쟁은 고구려의 대륙정책과 수·당제국의 세계정책이 정면충돌하면서 빚어진 동아시아의 국제전이었다. 더구나 여기에는 고구려와 수·당뿐만 아니라 일본과 돌궐까지 참여한 동아시아의 국제전쟁이었던 것이다. 그리고 수·당과 고구려가 중앙정권과 지방정권의 관계가 아니라 국가와 국가와의 관계라는 것을 잘 나타내 주는 것이 바로 천리장성이다. 천리장성이 고구려와 당나라를 갈라놓는 국경선인 것이다. 어떻게 중앙정권과 지방정권 사이에 이러한 국경선이 존재할 수 있겠는가?

수나라 대군을 물리친 을지문덕 장군이 수나라 우중문 장군에게 보낸 오언시가 떠오른다.

> 신통한 계책은 천문을 헤아리며
> 묘한 꾀는 지리를 꿰뚫는구나,
> 싸움마다 이겨 공이 이미 높았으니
> 족한 줄 알아서 그만둠이 어떠하리.

을지문덕 장군이 조롱조의 이 오언시를 보내어 회군을 종용하는 한편, 수양제에 대한 영양왕의 알현 등을 조건으로 거짓 항복을 청하여 퇴각의 구실을 만들어 주는 척하면서 일대 반격을 전개한 것이 바로 살수대첩이다. 이 전쟁의 참패로 인하여 수나라가 멸망하게 된 것을 우리는 잘 알고 있지 않은가?

또한 중국 측은 고구려의 유민이 당나라에 끌려가 혈연적으로 중국에 흡수되었으므로 고구려사가 중국사의 일부라는 억지 주장을 펼치고 있다. 고구려의 유민들은 당나라에만 간 것이 아니라 신라와 돌궐에도 갔으며, 대부분의 고구려 유민들은 그 지역에 남아 대당항쟁을 벌였고 그 결과 안동도호부를 요동 지역으로 옮기게 하였다. 또한 마침내 발해를 건국하는 주체 세력이 되었으며, 발해의 주민 구성에 대부분이 참여하였다. 발해의 건국자인 대조영이 고구려 유자임은 말할 것도 없거니와 발해의 지배층 주민들도 고구려의 유민들이었다. 따라서 일본에 보낸 국서에 발해국을 '고려'라 표현하였으며, 발해왕을 '고려왕'이라 표현하였다. 이와 같이 발해인들은 발해가 고구려를 계승하였다는 계승의식을 갖고 있었다. 더구나 당나라로 잡혀간 고구려인들은 자의에 의한 것이 아니라 타의에 의해 강제로 잡혀간 것이라는 점을 묵과해서는 안 된다.

영토와 고구려 계승 문제

또한 중국 측은 고구려의 중심지가 역사적으로 중국의 국경선을 넘지 않았다고 주장하고 있다. 이는 현재 중국 영토 안에 있는 영토뿐만 아니라, 과거 역사적 영토까지 모두 중국의 역사 영역 안에 포함시키려는 패권주의 역사관에 따른 것이다. 사실 한군현 이전에 이미 이 지역이 고조선의 영역이었다는 것은 중국인들도 잘 알고 있는 사실이다. 이제는 고조선의 역사까지도 중국사의 일부로 주장하려는 저의가 보이고 있다. 한사군은 잘 알다시피 기원전 108년에 설치되었으나 임둔군과 진번군은 20여 년 만인 기원전 82년에 소멸되었으며, 현토군은 기원전 75년에 요동 지방으로 옮기게 되었다. 이를 두고 낙랑군이 진번군 지역을 통치하고, 현토군이 요동 지방으로 옮겨간 후에는 낙랑군이 임둔군 지역까지 모두 통치한 것으로 해석하기도 하지만, 이는 역사적 대세에 어긋나는 해석이다. 진번군과 임둔군이 소멸된 것은 이 지역 토착세력의 저항에 의해 소멸된 것이며, 현토군이 요동 지방으로 옮겨가게 된 것도 토착세력의 끊임없는 저항에 의한 것이다. 따라서 진번군과 임둔군이 소멸되고 현토군이 요동 지방으로 옮겨가고 나서는 사실상 한반도에서 낙랑군의 통치력이 과거 한사군 지역에 미칠 수 없었다. 낙랑군의 통치력이 약화되고 오히려 토착세력의 영향력이 강화되어 고구려와 같은 고대국가가 나타나게 된 것이다.

한편 고씨 고구려와 왕씨 고려는 서로 다른 성격으로 계승성이 없다는 주장을 하기도 한다. 중국 측 기록을 보면 고구려를 고려로 지칭한 기록이 많다. 일반적으로 중국인들은 고구려를 고려라고 알고 있으므로, 이러한 인식을 고치려고 무리한 주장을 하고 있는 것이다. 만약 이러한 논리를 따른다면 중국의 왕조 또한 전혀 계승성이 없게 된다. 왜냐하면 중국의 역사는 한족의 왕조와 북방민족의 왕조가 번갈아 가며 중원 지방을 차지하였기 때문이다. 한족이 세운 왕조의 경우에도 혈연적으로 계승된 왕조는 하나도 없다. 왕조의 계승성은 혈연적 계승성이 중요한 것이 아니라 역사적 계승성이 중요한 것이다.

백제의 부흥을 내세운 후백제, 고구려의 부흥을 내세운 후 고구려가 바로 그러한 예이다. 일연은 『삼국유사』에서 궁예가 세운 국가를 '후고구려'라고 하여 궁예가 고구려를 계승하는 국가를 세웠다는 것을 강조하였다. 고려가 고구려의 부흥을 표방한 '후고구려'의 의미를 갖는다는 것은 고구려의 도읍이었던 서경을 중시한 것을 보아도 알 수 있다. 고려 성종 12년 요나라의 대군이 침입하자 서희 장군은 요나라 소손녕 장군과 회담을 하면서 "고려가 고구려의 옛땅을 차지하고 있다. 그 때문에 나라 이름도 고려라고 하며 평양을 도읍지로 삼았다. 고구려 땅의 경계로 따진다면 요나라의 동경도 그 경계 안에 있다"고 반박하여 오히려 강동 6주를 회복하기도 하였다. 고려가 발해유민을 적극적으로 받아들인 것도 발해가 고려와 마찬가지로 고구려를 계승한 국가라고 생각하였기 때문이다.

중국인이 편찬한 『송사』에서도 고려는 본래 고구려라고 인식하여 '고려열전'을 서술하였던 바, 이는 고려가 고구려를 승계한 국가라고 인식한 당시 사람들의 역사인식이었으며, 이러한 인식은 이후 『명사』에까지도 이어졌다. 고려가 고구려를 계승하였다고 하는 인식은 고려가 동명왕에 대한 제사를 받든 데서도 알 수 있다. 서경에는 동명왕 사우를 건립하여 제사를 지냈으며, 개경 동신사에는 주몽의 어머니 하백녀를 동신성모로 모셨다. 이는 고구려 국모신 신앙과 제의가 고려시대에도 그대로 계승되고 있는 것을 보여준다고 하겠다. 이와 같이 중국이 동북공정을 통하여 고구려를 중국사의 일부로 편입시키려는 근거는 매우 황당한 것들이 대부분이다.

고구려의 역사적 정체성 문제

중국 자료로 확인되는 고구려의 정체성

그러면 과연 고구려를 한국사로 볼 수 있는 근거는 무엇인지 살펴보도록 하겠다. 삼국지로 잘 알려진 위·촉·오 삼국의 역사를 기록한 『삼국지』 위서 오환선비동이전 제30에는 오환과 선비 및 동이에 대한 기록이 입전되어 있다. 그리고 소위 동이전에는 부여, 고구려, 동옥저, 예, 마한, 진변, 왜에 대한 기록을 남기고 있다. 따라서 찬자인 진수는 『삼국지』에서 오환과 선비 및 동이를 삼국사[魏·吳·蜀]가 아닌 다른 민족의 역사로 인식하고 서술하고 있는 것이다. 이 기록을 가지고 만약 고구려가 중국사의 일부라고 주장한다면, 오환과 선비 및 동이뿐만 아니라 남만과 북적 및 서융이 모두 중국사의 일부가 되어 버리는 것이다. 더구나 동이전에 입전되어 있는 고구려와 아울러 부여, 동옥저, 예, 마한, 진한, 변진 그리고 왜(일본)까지도 중국사의 일부가 되어 버리는 것이다. 이러한『삼국지』동이전의 기록방식은 중국 사서에 계속 이어졌으며,『주서』의 경우에는 고구려와 백제가 이역열전에 입전되어 있다.

그리고『삼국지』위서 동이전에 부여, 고구려, 예, 마한의 경우 제천대회에 관한 기록이 남아 있는 것을 주목하여야 한다. 고구려는 10월에 제천의례를 지냈는데, 이는 거국적인 대회이며 동맹이라 하였다. 명칭으로 볼 때 고구려의 건국자 동명과 관련이 있는 듯하다. 동맹제는 제천의례인 동시에 국조신에 대한 제의로서 양면성을 가졌다고 할 수 있다. 즉, 하늘의 자손인 동명에 대한 제사의례라 할 수 있는 것이다. 이 제천대회는 공회로서 국가의 공식적인 의례이며, 단순한 민속행사가 아니다. 공회에 참석한 사람들 모두 의복을 비단과 금은으로 장식하는 등 대단히 화려하게 의례를 거행한 것을 알 수 있다. 이것은 고구려의 고분벽화를 통해서 확인할 수 있다.

또한 동맹에는 다분히 지배계층의 의례적 성격이 강하게 반영되어 있다. 모자를 쓰는 데도 대가와 소가가 차별성을 띠고 있어 고구려 지배층 내부에 계승성이 매우 확연하였다는 것을 보여준다. 국왕이 제의를 주관함으로써 왕권의 위엄을 보이는 동시에 수직적인 지배구조를 과시하는 것으로 지배이데올로기적 성격을 갖게 되는 것이다. 그런데 이러한 제천대회는 고구려뿐만 아니라 부여와 예 및 삼한사회에서도 이루어졌다.

부여에서는 제천대회를 영고라고 하였는데, 제사의 시기가 '은정월'로 기록되어 있다. 『후한서』 동이전에는 '납월'로 기록되어 있는 바, 이는 음력 12월의 이칭이라 한다. 그리고 '납(臘)'은 제사명으로 짐승을 수렵하여 선조를 제사하는 데서 비롯되었다고 한다. 따라서 부여의 영고는 수렵의례와 관련성이 있다고 하겠다. 제사대상은 하늘[天]로 되어 있으며, 그 규모는 국중대회라고 되어 있다. 즉, 제의의 대상신은 천신이며, 그 제사의례의 규모는 국중대회로 고구려와 같이 거국적 행사였음을 알 수 있다. 제의과정에서 '연일 음주가무'한 것은 고구려와 같은 축제적 성격을 보여주고 있다.

'영고'는 제의 중에 북을 쳐서 신을 맞이하는 데서 비롯된 것으로 보인다. 이때 형옥을 해결하고 수도를 해결한다고 하였으니, 단순한 종교적 행사가 아니라 제의를 통하여 법률이 집행되었다는 것을 알 수 있다. 당시는 율령이 반포되기 전이었는데, 율령이 반포된 이후에도 천신에게 제의를 행했다는 사실은 울진봉평신라비를 통해서도 알 수 있다. 며칠간 먹고 마시고 노래하고 춤추기 위해서는 많은 경제력을 필요로 하는데, 이러한 제의를 통하여 부의 재분배가 이루어지고, 이러한 재분배 과정을 통하여 왕권의 존엄성을 가시화하는 효과를 가져오는 것이다. 물론 음복과 같이 공동체적 유대감을 강화하고자 하는 의도가 내재되어 있음은 말할 필요도 없을 것이다. 이러한 제의는 전쟁이 있을 때도 행해지는 것으로 보아 정치·경제·군·사법적인 의미를 지닌다고 할 수 있다.

동예에서는 제천의례를 고구려와 같이 10월에 행하였다. 동예의 경우도 고구려와 같은 시기이므로 오곡의례로 보아야 할 것이다. 밤낮으로 먹고 마시고 노래하고 춤을 추었는데 이는 부여와 삼한의 제의과정과 마찬가지이며, 특히 '하늘에 춤을 춘다'는 의미의 '무천'이라는 제의명이 돋보인다. 그러나 동예에서는 호랑이를 신으로 삼아 제사를 지내는 것이 특징이라 하겠다. 천신으로 상징되는 왕권 이외에 호신으로 상징되는 다른 세력이 만만치 않았던 것으로 생각된다. 형벌의 판결과 집행이 무천에서 행해진 것을 볼 때 고구려나 부여와 같이 지배이데올로기적 성격을 가진 것을 알 수 있다.

삼한의 경우 제의명칭은 남아 있지 않지만, 그 성격은 고구려나 부여의 제천대회와 마찬가지이다. 오월에 파종을 마치고 귀신에 제사를 지냈는데 음주가무로 밤낮을 가리지 않았으며, 수십 명 단위로 춤을 추었고, 10월 농경을 마치고도 이를 행하였다. 또 국읍에서 천군이 천신에게 제사를 지내고, 별읍에서 무당이 귀신을 섬기는 것으로 기록되어 있다. 즉, 귀신에 대한 제사는 무당이 지낼 수 있지만, 천신에 대한 제사는 국읍에서 세운 천군 한 사람만이 지낼 수 있는 것이다. 이것은 국읍에서 사상적으로 일원화되어 나가는 모습을 나타내는 것이며, 다른 잡신은 천신을 상위로 하는 하이어라키(hierarchy) 구조 아래 편성시킨 것이라 할 수 있다. 천신을 중심으로 하여 기타 귀신들을 하위신으로 재편성하는 과정에서 사회적·사상적 갈등이 일어나기도 했다. 이에 소도로 도망해버리는 사람들이 나타났으며, 그것은 부도와 유사한데 행했는 바에 선악의 차이가 있다고 한 것이다. 국읍에서는 천신에게 제사를 드리는 데 제사권을 장악하여 제천의례를 행했고, 이를 지배이데올로기로 활용하였다고 할 수 있다.

북쪽에 위치한 부여와 고구려 및 동예 그리고 남쪽에 위치한 마한의 경우에도 같은 성격의 제천대회를 하였다는 것은 남쪽사회와 북쪽사회가 문화적으로 동질성을 가지고 있었다는 것을 말해준다. 그리고 이들 사회에서 하늘[天]에 제사를 지냈다는 기록은 "제후는 하늘에 제사를 지낼 수 없고 오직 황제만이 하늘에 제사를 지낼 수 있다"는 입장에서 볼 때, 이들의 사회가 제후국이 아닌 독자적인 정치체임을 알 수 있는 것이다. 따라서 제천의례를 지낸 고구려와 부여 및 예 그리고 마한은 중국과 다른 천하관을 가진 독립국가였다는 것이 중국인이 남긴 당시의 기록에서 확인되는 것이다.

우리 자료로 확인되는 고구려의 정체성

한편 광개토대왕릉비를 보면 '천제지자(天帝之子)'라는 표현이 나타나 있으며, 모두루묘지명을 보면 '일월지자(日月之子)'라는 표현이 나타나 있다. 이는 황제만이 사용할 수 있는 표현으로 이를 통해서 고구려가 독자적인 천하관을 가지고 있었다는 것을 확인할 수 있다. 또한 중원고구려비에는 신라를 '동이'라고 표현하고 있는데, 이는 당시 고구려가 중국과 같은 황제국인 까닭에 주변 나라의 정치체를 '동이'라고 불렀던 것이다.

한편 사대주의 사학자라고 비판을 받는 김부식이 올린 진삼국사기표를 보면,

> 신라와 고구려 및 백제의 삼국이 정립하여 능히 예로써 중국과 교통한 때문에 범엽의 한서라든가 송기의 당서에 다 그 열전이 있지만 그 사서는 자기 국내에 관한 것을 상세히 하고, 외국에 관한 것은 간략히 하여 자세히 실리지 아니하였고…….

라고 하여 신라와 고구려 및 백제를 포함하여 삼국이라는 개념을 사용하였으며, 이들 삼국은 중국과 다른 외국이라는 것을 분명히 기록하고 있다. 그리고 『삼국사기』 권50 중 신라본기는 12권, 고구려본기는 10권, 백제본기는 6권으로 편성하여 삼국의 역사를 하나의 역사 체계 속에서 인식하여 서술하고 있다. 열전에서도 을지문덕, 을파소, 명림답부, 창조리, 연개소문 등 고구려 인물을 신라와 백제의 인물들과 함께 입전하고 있다. 특히 제후국에서 사용하는 세가(世家)라는 표현이 아니라 중국사서에서 사용하는 본기(本紀)라는 표현을 사용하고 있는 것에 주목할 필요가 있다. 오히려 『고려사』에서는 본기라는 표현이 보이지 않고, 세가라는 표현을 쓰고 있는데 『삼국사기』에서는 본기라고 표현하고 있는 것이다.

한편 『삼국유사』에는 기이 2권에 우리의 역사체계 속에 인

식된 왕조의 조목이 기록되어 있다. 여기에는 고조선, 위만조선, 마한, 2부, 72국, 낙랑국, 북대방, 남대방, 말갈, 발해, 이서국, 오가야, 북부여, 동부여, 고구려, 변한, 백제, 진한 등이 기록되어 있어 『삼국유사』 찬술 당시 이들 국가가 하나의 역사 속에 체계화되어 있었다는 것을 알 수 있다. 더구나 동부여와 북부여와 아울러 고구려를 졸본부여로 인식하고, 백제의 경우 남부여라고 하여 부여 계통의 공통점을 인식하고 있는 것을 알 수 있다. 즉, 한반도의 남쪽뿐만 아니라 북쪽 그리고 만주 지역에 부여족이 세운 왕조가 존재하고 있었던 것이다. 더구나 백제의 경우 시조묘의 제의 대상이 온조나 비류가 아니라 동명으로, 즉 동명묘라 기록되어 있다. 따라서 부여와 고구려 및 백제는 혈연적으로 하나의 계통이라는 것이 분명하다고 하겠다.

고구려를 우리 역사 속에서 함께 인식한 것은 이승휴의 『제왕운기』와 이규보의 『동국이상국집』 「동명왕편」에 더욱 선명하게 나타나 있다. 『제왕운기』에는 전조선기, 후조선기, 위만조선기, 한사군 및 열국기 다음에 고구려기라는 편목을 설정하고, 그 뒤에 고려기를 설정하고 있다. 더구나 천제가 태자인 해모수를 보내 하백의 삼녀와 결합하여 동명왕이 출생하였으므로 천신의 손자이며 하백의 사위라 기록하고 있다. 하늘(천제)의 손자라는 것은 중국과 대등한 입장에서 건국자의 계보를 밝히는 것이다. 또한 고조선에서 고구려를 거쳐 고려로 이어지는 역사체계를 보여주는 것이기도 하다.

이러한 역사적 계보는 이규보의 「동명왕편」에도 잘 나타나 있다. 김부식은 유교적인 관점에서 삼국의 역사를 신라 중심으로 편찬하였으나, 이규보는 동명왕의 이야기를 괴력난신으로만 보지 않았다. 그는 당시 민중들에게 구전되어 오던 설화와 '구삼국사'를 토대로 『위서』와 『통전』에 상세히 기록되지 않은 것을 비판적 관점에서 다루었다. 또한 동명왕 이야기가 고구려를 계승하고 있다는 고려인의 자부심을 보여주므로 동명왕의 사적을 우리 민족에게 영원히 전해야 할 민족정신의 지주라고 생각하였다. 그것은 끊임없이 외적으로부터 침입을 당하였던 시대에 서경을 북진기지로 삼고 웅혼한 뜻을 대륙에 펴고자 하였던 고려 민중들의 실천적 소망이기도 하였다. 「동명왕편」은 해모수와 유화 사이에 태어나기 이전의 과정과 주몽의 신비한 모습을 신화로서 그리고 있다. 그가 시련 속에서 자라 끊임없는 투쟁을 통해 고대 국가를 건설한 역사적인 대업을 천신과 산악을 숭배하던 우리의 고유한 신앙 속에서 근원적으로 서술하고 있다.

우리는 이러한 사서 등을 통해 고구려를 신라와 백제와 함께 삼국으로 인식하고, 삼국시대라고 부르고 있는 것이다. 만약 고구려사가 한국사가 아니라면, 우리는 이것을 삼국시대가 아니라 양국시대로 불러야 할 것이다.

중국의 역사는 기본적으로 만리장성 이남을 자신의 역사 영역으로 하고 있다. 만리장성을 기준으로 남쪽에는 한족이 자리잡고, 북쪽에는 북방민족이 자리잡아 역사를 영위하여 왔다

방탄유리로 막은 광개토대왕릉비의 모습.

고 할 수 있다. 북방민족이 만리장성을 넘어 중원을 차지하여 중국의 역사를 주도하기도 하였지만, 중국인의 기본적 인식은 북방민족을 막기 위한 방책이 만리장성인 것이다. 한편 고구려에는 천리장성이 있어 중국과 경계를 하고 당나라의 침입을 막고자 하였다. 천리장성은 중앙정권과 지방정권 사이를 구별하기 위해 쌓은 것이 아니라 국가(고구려)와 국가(당나라) 사이의 경계를 위해 쌓았다는 것을 명심하여야 할 것이다.

또한 광개토대왕과 장수왕 때에는 고구려가 영락과 연가라는 독자적인 연호를 사용하였다. 신라와 백제는 오히려 독자적인 연호를 쓰지 않고, 중국 왕조의 연호를 그대로 습용하였다. 이를 통하여 볼 때 고구려가 중국 왕조의 조공국이 아니라 중국 왕조에 대응하는 동방의 패자임을 단적으로 말해주는 것이다. 그래서 단재 신채호 선생은 『삼국사기』를 열 번 보는 것보다 '광개토대왕릉비'를 한 번 보는 것이 낫다고까지 하였던 것이다.

중국 교과서에서 서술되는 고구려

중국의 초급중학 중국역사 교과서 제2권 제1과 '번성기의 수왕조'에서는 고구려에 대한 서술 없이 지도에 '高(句)麗'를 수나라 영역의 밖에 표시하고 있다. 한편 제4과 '일가를 위한 화동'편에서는 발해를 중국사의 일부로 보고 대조영의 건국과 해동성국으로 발전하는 과정을 서술하고 있다. 제4장의 제6절 '수·당의 통일과 다민족국가의 발전'에서는 '말갈과 발해' 편목을 설정하여, 발해가 정식으로 당왕조의 판도에 들게 되었다고 서술하고 있다. 그리고 고등중학 중국고대사 교과서 제3장 '봉건국가의 분열과 민족융합'에서는 지도에서 위나라의 영역을 한강 이북까지 표시하여 놓고 있다. 즉, 한사군이 존재하던 시기의 고구려는 인정하지 않으며, 그 이후의 고구려는 인정하고 있는 셈이다.

한편 세계사 교과서 제1권의 제10과 '동아시아의 봉건국가'에서는 '신라의 통일과 조선왕조의 건립'이라는 편목을 설정, 고구려와 백제 및 신라를 노예제 국가로 보고, 676년에 신라가 한반도의 대부분 지역을 통일하였다고 서술하고 있다. 세계사 교과서에서 고구려를 언급하고 있으므로 여기서는 고구려를 중국사의 일부로 보지 않고, 한국사의 일부로 보고 있는 것을 알 수 있다. 이처럼 중국의 중국사 교과서와 세계사 교과서는 고구려를 서술하는 데 차이를 보인다. 그러나 기본적으로 고구려사를 한국사로 인식하여 서술하고 있다고 볼 수 있다.

중국이 발해사를 중국사에 포함시켜 다루는 것은 발해사를 한국사로 이해하려는 한국의 역사학계의 이해와 다르며, 고구려사의 주체 문제를 분명하게 하지 않아 논쟁의 소지를 남겨두고 있다. 앞으로 '동북공정'에서 이루어질 고구려에 대한 연구결과가 중국의 역사교과서에 반영될 가능성이 크기 때문에 이것을 미연에 방지하여야 하며, 경계를 늦추어서는 안 되는 것이다. 동북공정을 통하여 고구려사를 왜곡하고 있는 중국이 다음에는 역사교과서를 통하여 고구려사를 중국사의 일부라고 왜곡할 가능성이 크기 때문이다. 따라서 지금 그대로 방치하다가는 언제 중국의 역사교과서에 고구려가 중국사의 일부라고 왜곡될지 모르는 것이다. 중국의 젊은 세대들에게 패권주의적 시각에 물든 역사교육을 시행할 경우, 올바른 역사인식을 갖지 못하여 동아시아의 평화를 저해하게 될지도 모르는 것이다.

중국에서는 이미 고구려사를 중국의 고구려사라는 인식을 갖게 하는 연구업적들이 출판되고 있다. 가장 대표적인 논저로 경철화의 『중국 고구려사 연구』를 들 수 있다. 그 제목부터 고구려사를 중국의 역사로 설정하였을 뿐만 아니라 책의 목차를 보면 중국 왕조 시기별로 편목을 작성, 완전히 중국사의 일부로 하여 연구를 진행하였다. 예컨대 고구려의 시기구분을 양한시기, 위진시기, 남북조 시기, 수당시기로 나누어 중국의 영향 하에서 고구려의 역사를 인식하고 서술하고 있는 것이다. 앞으로 이러한 내용들이 고구려를 비롯한 한국사 교재에 반영될 것이며, 마침내는 중국의 교과서에도 반영될 것이다. 그럴 경우 고구려가 중국의 세계사 교과서에는 보이지 않고, 중국사 교과서에만 보이게 될지도 모르는 일이다.

고구려사 왜곡에 대한 대처 과정

필자는 1999년 북경대학교 역사계(사학과)에서 초빙교수로 대학원 강의를 하면서 중국의 고구려사 왜곡에 대해 처음으로 알게 되었다. 강의를 마치고 교수들과 환담을 하면서 쟁점이 된 것은 고구려와 발해의 역사에 대한 것이었다. 그들은 (발해사는 말할 것도 없이) 고구려사가 평양 천도 이전에는 중국사, 평양 천도 이후에는 한국사에 속한다는 일사양용론을 주장하였다. 즉, 하나의 역사인 고구려사를 둘로 활용한다는 것이었다. 아무래도 이것이 앞으로 문제가 되겠구나 싶어 한국대사관에 이에 대한 대비를 하는 것이 좋겠다고 제안을 하였다. 그리고 한국고대사학회 회장을 맡고 있던 2002년 12월, '고구려사 연구현황과 과제'라는 학술발표회를 가져 고구려사에 대한 전반적인 연구현황을 정리하고 앞으로의 과제를 전망하였다. 여기서 고구려사를 중국사로 왜곡하는 중국 학계의 논리를 여호규 교수가 처음으로 소개하였으며, 이를 통해 '통일적 다민족국가론'에 의해 고구려사가 전보다 더 심각하게 왜곡되고 있다는 것을 명확하게 알 수 있었다. 여기서 발표된 논문들은 『한국 고대사연구』 31호와 32호(2003년 9, 12월)에 수록되어 있다.

2003년 7월 세계문화유산협의회에서 북한이 신청한 고구려 고분군의 세계문화유산 등재가 보류되었다. 이즈음 중국이 동북공정이라는 프로젝트를 통하여 고구려사를 왜곡한다는 「중앙일보」의 보도와 중국의 「광명일보」의 내용을 소개한 『신동아』 기사를 접하면서, 이제는 학문적인 차원에서만 대응할 것이 아니라는 생각을 하였다. 그러나 나는 이 문제에 대해서는 북한 학계나 당국이 더욱 관심이 있으리라 생각하고 있었는데, 지난 10월 3일 평양에서 열린 '단군 및 고조선에 관한 남북 공동 학술토론회'에 참석하여 사회과학원 역사학연구소 지승철 부소장에게 어떻게 대처할 것이냐고 물으니 '신중하게 검토하고 있다'고만 하여 매우 의외였다. 북한은 일본의 역사 왜곡에 대해 강력하게 대처할 것이니, 중국의 역사 왜곡은 남한이 강력하게 대처해 주기를 바라는 눈치였다.

한편 KBS 「일요스페셜」에서 2003년 10월 12일에 방영한 '한중 역사전쟁-고구려는 중국사인가'라는 프로그램은 중국의 고구려사 왜곡에 대한 전 국민의 여론을 환기시켰다고 할 수 있다. 그러나 10월 북경외국어대학에서 개최된 '중국에서의 한국어 교육'이라는 국제학술회의에 참석하여 '중국에서의 한국사 교육'에 대해 발표를 하러 갈 때만 해도 필자는 크게 문제될 것이 없다는 생각을 하였다. 왜냐하면 발표를 준비하면서 중국의 역사교과서를 분석해 보았더니 거기에서는 고구려를 한국사로서 인식하고 서술해 놓았기 때문이다. 그런데 학회에 참석하여 학자들로부터 충격적인 이야기들을 듣게 되었다. 중국의 고구려사 왜곡은 단순한 역사 왜곡이 아니라 영토문제 등 정치적 문제와 밀접하게 관련되어 있다는 이야기들이었다. 특히 급변하는 한반도 정세의 변화에 따라 야기되는 국경 문제에서 유리한 고지를 선점하기 위한 사전포석이라는 이야기도 있었다. 또한 북한 정권의 붕괴 시 북한 지역에 영향력을 미치기 위한 명분을 마련하기 위해서라는 이야기도 들었다. 그래서 종래의 (평양 천도 이전에는 중국사이고 평양천도 이후에는 한국사라던) 견해에서 더 나아가 고구려사 전체를 중국사의 일부라고 주장한다는 것이다. 더구나 이러한 역사 왜곡을 중국 국무원 산하 사회과학원 소속 연구소에서 정부 주도로 행하고 있으니 보통 심각한 문제가 아니라는 것이다. 일본이 한반도를 침략하기 위한 명분으로 임나일본부설을 주장한 것과 같은 맥락이라고나 할까.

학계의 대응

학회를 마치고 귀국하여 이 문제에 어떻게 대처할 것인가

고민을 하고 있는데 '일본역사교과서 바로잡기 운동본부'의 안병우 교수가 전화를 해서 이 문제를 함께 풀어 나가자는 이야기를 하며, 고대사 전공자가 나서주어야 하겠다고 하였다. 2003년 10월 31일 '교과서 운동본부' 주최로 '중국의 역사 왜곡 공개토론회'가 열려 필자는 '고구려사의 역사적 정체성'에 관해 발표하였다. 또, 여호규 교수가 '중국 학계의 고구려사 연구동향', 윤휘탁 교수가 '현대 중국의 변강·민족의식과 동북공정'에 대해 발표를 하였다. 사실 중국의 고구려사 왜곡에 대한 첫 발표토론회였다고 할 수 있다. 그러나 이 토론회에는 한국일보 기자 한 명밖에 오지 않아 여론화되기가 쉽지 않을 것이라는 예감이 들었다.

11월 2일 한국고대사학회에서는 학회 고문들과 임원들이 연석회의를 열어 이 문제에 대한 대처 방안을 논의하였다. 그래서 '중국의 고구려사 왜곡 대책위원회'를 구성하고 필자가 발해사 전공자인 한규철 교수와 함께 공동대표를 맡게 되었다. 고구려사와 발해사를 전공하는 공석구 교수(한밭대), 박경철 교수(강남대), 여호규 교수(한국외국어대), 송기호 교수(서울대), 임기환 교수(한신대), 조법종 교수(우석대), 전호태 교수(울산대) 등이 대책위원을 맡게 되었다. 먼저 학문적 대응을 하기 위해 중국 측이 주장하는 논점을 몇 개로 나누고, 그에 대한 반론을 펴는 형식으로 발표하기로 하였다. 11월 8일 처음으로 '중국의 고구려사 왜곡 대책위원회'를 열고 앞으로의 대응 방안을 논의했고, 12월 9일 고구려사에 대한 왜곡 대책토론회를 한국사 관련 학회들과 공동으로 열기로 하였다. 그리고 학술 토론회에 앞서 한국사 관련 학회들과 공동성명서를 작성하여 발표하기로 하였다. 공동으로 참여할 학회는 2001년 일본 역사교과서 왜곡 사건이 있을 때 함께 참여하였던 학회 중 한국사 관련 학회로 하기로 하였다. 경기사학회, 고려사학회, 대구사학회, 부산경남사학회, 역사교육연구회, 전남사학회, 조선시대사학회, 한국고고학회, 한국고대사학회, 한국미술사학회, 한국사연구회, 한국사학회, 한국역사민속학회, 한국역사연구회, 한국중세사학회, 호서사학회 등이 공동으로 참여하여 서울 역사박물관에서 공동 성명을 발표하고 공동 학술토론회를 가지기로 한 것이다. 2001년 일본 역사교과서 사건 때 한국사연구회가 중심이 되어 학회들이 공동으로 대응하는 과정에서 한국고대사학회도 참여하였다. 그때 한국고대사학회 회장으로서 공동 대응에 참여한 경험을 살려 공동 성명서도 준비하고 공동 학술토론회도 마련한 것이다.

그즈음 일본역사교과서 바로잡기 운동본부에서 이 문제에 대해 기자간담회를 열어 이 사건의 본질과 해결 방안을 공유하자는 연락이 왔다. 이 때는 많은 기자들이 참석하여 우리 이야기를 듣고 중요한 질문들도 하여 공감대를 형성할 수 있게 되었다. 그리고 이 간담회에서 논의된 문제의 심각성과 대응 방안이 보도가 되어 여론화되기 시작하였다. 특히 중국의 고구려사 왜곡이 단순한 역사 왜곡에 그치지 않고 영토 문제 등 정치적 문제와 관련이 있다는 점이 언론의 주목을 받기 시작하였다. 이즈음 필자는 「조선일보」에 이와 같은 내용의 칼럼을 쓰는 등 여러 신문과 방송으로부터 원고청탁과 인터뷰를 요청받았다. 특히 「동아일보」와 「중앙일보」는 전문가들의 좌담회를 여는 등 기획 특집 기사로 다루기 시작하였다. 또한 「경향신문」과 「한국일보」에서도 2004년 신년에 특집 연재기사를 다루었다. 과장된 제목으로 과열경쟁을 하는 듯한 인상을 주기도 하였으나 언론이 이 문제를 여론화하는 데 커다란 역할을 한 것은 틀림 없다. 그리고 「다음 사이트」나 「오마이뉴스」 등 인터넷 신문에서도 이 문제를 다루면서 전국민이 이 문제에 관심을 갖게 되는 계기가 되었다. 아울러 라디오와 TV에서도 뉴스 시간이나 대담 프로에서 이 문제를 다루면서, 그야말로 국민적 관심사가 되었다. 특히 YTN은 연속적으로 이 문제를 보도하였으며, KBS와 EBS는 연속 특강과 특집을 방영하여 심도 있는 내용을 보여주었다.

더구나 일본의 공동통신에서도 이 문제를 취재하였으며, 미국의 「워싱턴포스트」지도 이 문제를 다루었고, 영국의 BBC 방송이 이를 특집으로 다루는 등 외신들도 이 문제를 특집으로 다루어 국제적인 관심사로 부각되었다.

2003년 12월 9일 한국고대사학회를 비롯하여 한국사 관련 17개 학회가 공동대책위원회를 구성하고 공동 성명서를 발표하여 네 가지 사항을 요구하였다. 중국 당국에는 고구려사 왜곡의 중단을 촉구하고, 외교통상부에는 중국 정부에 항의하고 시정을 촉구할 것을 건의하였으며, 교육인적자원부에는 고구려사 연구센터의 설립 추진을 건의하고, 문화관광부에 북한의 고구려 고분군이 세계문화유산에 등재되도록 노력할 것을 촉구하였다.

중국의 고구려사 왜곡 대책 학술토론회에서 필자의 '동북공정의 배경과 내용 및 대응 방안'을 비롯한 모두 9개의 주제발표가 있었다. '동북 고대종족 및 고조선의 연구동향과 문제점'(조법종) '고구려의 족속 기원과 건국 과정'(여호규) '고구려와 중국의 조공─책봉관계'(임기환) '고구려의 영역과 평양 천도 문제'(공석구) '중국 학계의 고구려 대 수·당 70년 전쟁 인식의 비판적 검토'(박경철) '고구려 붕괴 후 그 유민의 거취 문제'(김현숙) '발해의 고구려 역사계승 문제'(한규철) '고구려와 고려의 역사적 계승성'(한신대) 등의 발표가 있었으며 이어 토론회를 가져 중국의 고구려사 왜곡의 실상을 알리고 그에 대한 반박을 가하는 계기가 되었다. 이후 중국의 고구려사 왜곡의 근거와 그에 대한 문제점들이 대중들에게 알려지기 시작하였다.

이후 정신문화연구원에서는 12월 15일 '동북아시아 선사 및 고대사 연구의 방향'이라는 학술회의를 개최하여 '중국 고문헌에 나타난 동북관'(이성규) '고구려사 연구의 제 문제'(임기환) 등의 발표와 토론을 하였다. 한편 고구려 연구회는 12월 17일 '고구려=중국사, 중국의 논리는 무엇인가'라는 학술토론회를 개최하였다. 여기서는 '고구려=중국사이다. 중국의 논리와 국가 프로젝트 동북공정'(서길수) '고구려와 수·당 간의 전쟁에 대한 중국의 동북공정의 시각'(윤명철) '고구려족=중국 소수민족, 그 논리는 무엇인가?'(서영수) '발해-중국사, 중국의 논리는 무엇인가?'(한규철) 등이 발표되고 토론이 이루어졌다. 또한 고구려 연구회에서는 12월 23일 '한중 고구려 유적 유네스코 세계유산 등재의 현황과 대책'이라는 토론회를 개최하였다. 여기서는 '유네스코의 세계문화유산 결정 절차와 현황 파악'(허권) '북한의 고구려 유적 세계문화유산 등재 신청 과정 및 현황 파악'(이혜은) '중국의 고구려 유적 세계문화유산 등재신청 과정 및 현황 파악'(서길수) 등의 발표와 토론이 이루어졌다.

한편 대책위원회에서는 12월 하순 중국 지역에 있는 고구려 유적 정비현황과 고구려사 왜곡 관련 자료수집을 위해 현장답사를 다녀왔다. 답사를 통하여 중국이 고구려 유적의 세계문화유산 등재를 위해 얼마나 많은 노력을 기울였는지를 알 수 있었다. 또한 중국의 고구려사 왜곡 실태와 그 정치적 목적도 보다 명확히 확인할 수 있었다. 즉, 집안시 박물관에 전시된 고구려유물에 '고구려는 중국의 지방정권'이라는 안내문을 전시실마다 붙여 역사 왜곡의 선전장으로 삼았다는 것을 확인하였다. 따라서 중국 지역의 고구려 유적을 유네스코에 세계문화유산으로 등재를 신청한 것과 중국의 고구려사 왜곡이 밀접하게 관련되어 있다는 것을 알 수 있게 되었다. 한편 집안시 박물관에서 청동방울과 같은 새로운 자료를 견학하고 국내 학계에 소개하기도 하였다. 또한 마대정이 책임 편집한『중국 동북변강 연구』와 경철화의『중국 고구려사 연구』와 같은 새

새롭게 단장한 집안시 박물관.

로 출판된 많은 자료들도 구할 수 있었다.

한국고대사학회에서는 2004년 1월 30일 '중국의 고구려 유적 정비현황과 고구려사 왜곡에 대한 대응 방안'이라는 기획 발표회를 가져 이들 새로운 자료들을 학계에 소개하고, 중국의 고구려사 왜곡이 정부기관에 의해 치밀하게 진행되고 있다는 것을 거듭 밝혔다. 그 중 『중국동북변강연구』를 보면 동북공정이 단순한 역사연구가 아니라 정치 문제와 국가안전 문제와 관련되어 있으며, 중앙정부의 지도자들의 의도에 따라 진행되고 있다는 것을 확인할 수 있다. 사회과학원 부원장이며 동북공정의 총책임자인 왕낙림은 「동북변강연구의 강화, 학과의 촉진」이라는 논문에서 동북공정은 동북변강 연혁사연구에 대한 강화를 지시하였던 중앙의 지도정신을 실현하는 것이라 하였다. 또한 이 주제는 학술적 가치로서 뿐만 아니라 중국의 국가안전과 국가주권에 있어 중요한 정치적 의의를 갖는다고 주장하고 있다. 아울러 동북공정은 국가이익과 관련이 있으며, 국가 외교정책, 민족정책, 경제정책 등 민감한 문제를 포괄하고 있다고 결론을 맺고 있다. 한편 전철수는 「동북변강 문제 연구의 몇 가지 문제에 대한 전개」라는 논문에서 동북공정은 학술 문제인 동시에 국가영토와 강역 및 주권을 포함하는 중대한 정치적 문제이며, 이것은 이미 지역성의 문제를 넘어선 국가안전과 안정에 대한 전체 국면의 문제와 관련된 일이라 천명하고 있다. 한편 정치와 학술의 관계를 잘 처리해야 한다면서, (실증적인 차원에서) 동북변강 문제 자체는 곧 정치적 문제라고 명백하게 밝히고 있다.

시민단체의 대응

2003년 12월 9일 한국고대사학회 주관 17개 한국사 관련 학회 공동 주최의 공동 학술토론회가 계기가 되어 많은 시민단체가 중국의 고구려사 왜곡에 대한 항의운동을 펼쳐 나갔다.

12월 12일 '우리 역사 바로알기 시민연대'가 100만인 서명운동에 착수하였으며, 2004년 1월 13일 1백만 명의 서명용지를 중국대사관에 전달하였다. 한편 2003년 12월 29일 홍사단과 광복회 등 50여 개 시민단체가 '고구려 역사 지키기 범민족 시민연대'를 결성하고 1천만 명 서명운동을 전개하고 있다.

한편 12월 29일 사이버외교사절단 반크가 '고구려 부흥 프로젝트-21세기 대한민국 서회 찾기'를 시작하여 세계의 역사학자와 유네스코 세계문화유산 관련 학자 등 1만3천 명에게 중국의 역사 왜곡의 부당함을 전자우편으로 전달하였다. 기존의 시민운동 방식과 달리 인터넷을 이용하여 국제적 활동을 시도한 매우 참신한 대응이었다고 할 수 있다.

한편 일본역사교과서 바로잡기 운동본부는 2004년 1월 13일 한국 정신 문화연구원과 황우려 국회의원과 함께 '중국의 고구려사 왜곡 대책 공청회'를 가졌다. 여기서 이길상 국제 한국홍보센터 소장은 '중국의 역사 왜곡에 대한 향후 전망과 대응 방안', 안병우 교과서위원장은 '시민운동에서 바라본 중국 역사 왜곡 대응 방안'을 발표하였다. 1월 15일에는 고구려 연구센터를 정신문화연구원 내 부설기구로 설립하려는 정부 방침에 대해 '동북아시아의 역사인식 문제를 종합적으로 연구하고, 정·관·학·민 네트워크를 형성할 수 있는 독립기구를 설치하라'는 성명서를 발표하였다.

한편 구리시 지역 시민단체들은 1월 16일 고구려역사문화재단 발기인대회를 개최하여 아차산 보루성의 국가 사적지 지정과 유네스코 세계문화유산 등재, 고구려 역사 유적공원 설립 등을 추진할 것을 요구하였다.

그리고 역사사랑모임 회원 90명은 1월 19일 세종문화회관에서 중국의 고구려사 왜곡을 규탄하는 성명서를 발표하고 중국 당국은 한국의 학자들과 관련 종사자들이 고구려 유적에 자유롭게 접근할 수 있도록 보장하라는 요구를 하였다.

이상과 같이 시민단체들은 전국적으로 중국의 고구려사 왜곡에 대해 서명운동을 전개하였을 뿐만 아니라 인터넷을 활용하여 국제적으로 중국의 역사 왜곡을 알리는 중요한 역할을 담당하였다. 그러나 이제부터는 항의하는 수준에서 한 걸음 더 나아가 고구려사를 비롯한 우리의 역사와 문화 연구를 지원하고, 그 연구성과를 대중화하는 생산적인 활동으로 전환시켜야 하리라고 생각한다.

정부의 대응

중국 당국은 동북공정은 정부기관이 주도하는 것이 아니라 민간 연구기관이 주도하고 있으므로 학자들끼리 해결해야 할 문제라고 주장하고 있다. 더구나 소장학자들이 중심이 되어 진행중이라는 당치도 않은 답변을 하여 더욱 큰 분노를 자아내었다. 동북공정을 주관하는 변강사지연구중심은 중국 국무원 산하 사회과학원 지속 연구소로서 국책 연구기관이므로 분명히 정부기관이다. 동북공정의 고문이 부총리급인 사회과학원장이며, 재정경제장관에 해당하는 재정부장인데 어떻게 민간기관이라고 볼 수 있겠는가? 더구나 동북공정의 책임자인 마대정은 1938년생으로 66세이며, 학문적 리더라고 할 수 있는 손진기는 70대 중반, 최근 『중국고구려사 연구』를 출판한 경철화는 50대 중반이다. 이처럼 중국 당국의 이야기는 정말 터무니없을 것인데도, 한국 정부의 공직자들은 이를 여과 없이 그대로 발표하여 중국 당국의 대변인이 발표한 것이라는 소리를 듣기도 하였다. 전문가들과 상의하여 발표를 하였다면 그런 어처구니없는 일은 없었을 것이다.

사실 이 문제에 대한 정부의 태도는 냉담했었다. 교육인적자원부는 비교적 적극적으로 관심을 가지고 노력하려고 하였으나, 외교통상부는 중국과의 마찰을 우려해서인지 아주 미온적이었다. 사실 이 역사 왜곡 문제는 학문적인 문제라기보다는 외교적인 문제라고 할 수 있는데 말이다. 문화재청의 경우는 중국이 신청한 것이 등재되든 북한이 신청한 것이 등재되든 고구려 고분군이 세계문화유산으로 등재되면 좋은 것이 아니냐는 입장이었다. 세계문화유산으로서의 가치와 원형성의 보존상태 등이 등재의 기준이지, 그것이 어느 나라의 것인가는 기준이 아니라는 것이다. 더구나 북한이 신청한 것이기 때문에 우리 정부로서는 손쓰기가 어렵다는 것이다. 그러나 만약 북한이 신청한 고구려 고분군이 세계문화유산으로 지정되지 않고, 중국이 신청한 고구려 고분군이 세계문화유산으로 지정된다면 국제적으로 고구려사를 중국사의 일부로 인정하게 되는 결과가 오고 말 것이다. 물론 중국에 있는 것이 되든 북한에 있는 것이 되든 고구려의 유적이 세계문화유산으로 등재되면 좋은 일이다. 그러나 문제는 중국이 이것을 빌미로 하여 고구려를 중국사의 일부로 주장하려는 데 있는 것이다. 로마제국의 유적은 이탈리아 이외 유럽 여러 나라에 산재되어 있으며 세계문화유산으로 지정되어 있다. 그러나 프랑스나 영국이 로마제국의 유적이 자국 내에 있다고 하여 로마제국의 역사를 자국사의 일부라고 주장하였다는 이야기를 들어본 적이 없다. 결국 문제는 중국이 고구려의 유적을 통하여 고구려를 자국사의 일부로 주장하려는 데 있다는 것을 명심하여야 할 것이다.

교육인적자원부는 17개 한국사 관련 학회가 공동성명을 발표하자 비교적 발 빠르게 움직여, 12월 13일 국무총리가 국정현안 조정회의에서 '고구려사 연구센터'를 설립하기로 하였다는 발표를 하였다. 그 발표 후 한 달간 별 진전이 없다가 지난 1월 중순부터 여론을 수렴하고 설립을 본격화하기 시작하였다. 그러나 임시로 정신문화연구원에 설치한다고 하여 많은 학자들을 실망시키고 반발을 자아냈다. 왜냐하면 몇 년 전 한국현대사연구소를 정신문화연구원에 임시로 두었다가 없어진 쓰라린 경험을 잘 알고 있기 때문이다. 정부와 학계 및 시민단체들이 능동적으로 참여하기 위해서는 기존의 기구에 끼워 넣기보다는 새로운 기구로 출범시켜야 하며, 정부가 출연하는 독립된 공익법인으로 연구센터를 새로 시작하여야 효과적인 연구를 수행할 수 있을 것이다. 새 술은 새 부대에 담아야 제맛을 낼 수 있는 것이다.

1월 중순 통일원에서 남북 공조를 위한 구체적인 안을 검토하기 위하여 학계의 의견을 수렴, 2월 3일 열리는 남북 장관급회담의 의제로 삼기로 한 것은 그나마 다행이라고 생각한다. '동북공정'이 시작된 직접적 계기이자, 가장 시급한 문제는 북한이 유네스코에 신청한 고구려 고분군이 세계문화유산으로 등재될 수 있도록 끝까지 노력을 기울여야 한다는 점이다. 물론 국제기념물유적협의회(ICOMOS)에서 북한의 고구려 고분군이 세계문화유산으로 등재되도록 권고안을 냈으나, 7월 세계문화유산위원회에서 확정될 때까지 긴장을 늦추어서는 안 된다. 따라서 기술지원과 시설지원 그리고 고분군 주변의 유적정비사업 지원 등을 하여 보다 좋은 평가를 받을 수 있도록 하여야 한다. 이와 같이 남북이 함께 노력한다는 자체가 국제적 여론에 유리하게 작용될 것이다.

1월 28일에는 외교통상부 신임 장관이 중국의 고구려사 왜곡 문제에 대해 적극적으로 대처하겠다고 발표를 하여 대한민국의 자존심을 늦게나마 세울 수 있었다. 그리고 그날 외교통상부에서 관련 학자들을 초청하여 간담회를 가졌으며, 이는 고구려사 왜곡 문제에 대한 인식을 제고할 수 있는 기회가 되었다.

앞으로의 대응 방안

　　우리는 앞으로 남북 공조를 통하여 고구려사 연구를 더욱 활성화하여야 한다. 또한 국제화와 정보화를 통하여 국제사회에 고구려사를 비롯한 한국의 역사와 문화를 알리는 작업을 수행하여야 할 것이다. 이러한 과업을 효과적으로 추진하기 위하여 고구려사 연구센터를 설립하여 이를 중심으로 고구려사의 연구와 사회교육 및 홍보활동이 이루어지도록 해야 한다. 이를 통하여 고구려사를 비롯한 한국사의 대중화, 역사의 대중화가 실현되는 계기가 되도록 노력해야 할 것이다.

남북 공조

　　당면 과제는 유네스코에 북한이 신청한 고구려 고분군이

세계문화유산으로 등록될 수 있도록 힘을 모으는 것이다. 국제기념물유적협의회에서는 중국과 북한이 신청한 고구려 고분군과 고구려 유적을 함께 세계문화유산으로 등재하도록 하는 권고안을 채택하였다고 한다. 그러나 그 안이 그대로 받아들여질지의 여부는 계속 주시하여야 할 것이다. 만약 동시 등재가 될 때에는 고구려사에 대한 연구에 더욱 박차를 가하여야 할 것이다. 왜냐하면 동시 등재를 기회로 중국이 종래 주장하던 일사양용론이 탄력을 받을 것이 분명하기 때문이다. 한편, 만약 중국이 신청한 고구려 고분군이 단독으로 세계문화유산으로 등록된다면 고구려의 역사가 마치 중국의 역사인 것처럼 오해될 가능성이 크다. 고구려의 역사는 남과 북 어느 하나의 역사가 아니라 우리 민족의 역사이므로 남북 공조로써 고구려의 역사를 지켜낸다면, 이 또한 모범적인 사례가 될 것이다. 구체적으로 보자면, 북한이 신청한 고구려 고분군이 보

동북공정을 지도하는
국책기관 중국
사회과학원.

류된 이유 중의 하나가 보존상태 미비이므로 기술지원이나 시설지원을 통하여 관리상태를 호전시키도록 해야 한다. 또한 고구려 고분군 주변의 정비사업을 도와 접근성을 높이는 방안도 강구되어야 할 것이다. 이렇게 남과 북이 함께 공동 보조를 취하여 민족의 문화유산을 세계의 문화유산으로 등록하는 데 힘을 같이한다면, 그것 자체에 이미 커다란 의의가 있는 것이다.

'동북공정'은 단순한 학술적 프로젝트가 아니라 우리의 역사주권을 침해하는 정치적 프로젝트이다. 따라서 한국 정부는 북한 당국과 협의하여 중국의 역사 왜곡에 대한 정부의 공식적 견해를 밝혀야 한다. 중국의 사회과학원은 국책기관으로서 엄연히 정부기관이므로 중국의 역사 왜곡 문제를 대처하기 위해서는 외교적 채널을 통해 정부의 공식적 입장을 밝혀야 하는 것이다.

국제화와 정보화 및 대중화

중국의 학문적 인해전술과 물량공세에 의한 역사 왜곡에 대하여 우리는 국제화와 정보화를 통하여 효과적으로 대응하여야 한다. 우리는 지금 중국이 고구려사를 어떻게 왜곡하고 있으며, 그 문제점이 무엇인지 알고 싶어도 참고할 만한 홈페이지 하나 제대로 가지고 있지 않다. 무엇보다도 우선 '중국의 고구려사 왜곡 실태와 문제점 및 대응 방안'에 대한 홈페이지를 개설하는 것이 시급하다.

한편 북한, 중국, 일본, 미국, 러시아, 프랑스 등의 학자들과 고구려의 역사와 문화에 관한 국제학술회의를 개최해서 고구려의 역사적 정체성을 확인하고 그 결과물을 영어로 출판하는 국제적 활동을 추진하여야 한다. 고구려뿐만 아니라 고조선 및 발해를 비롯한 한국의 역사와 문화에 대한 논저를 영어로 출판하여 국제사회에 알리고 여론의 지지를 받는 노력이 매우 중요한 것이다.

2004년 3월 말에는 '고구려의 고분과 벽화의 세계'라는 국제회의를 개최하여 '고구려의 역사적 정체성과 고구려 문화의 독자성'을 주제로 북한, 중국, 일본, 러시아, 미국, 프랑스 학자들을 초청하여 발표와 토론을 할 예정으로 있다. 앞으로도 고구려의 역사와 문화에 대한 많은 국제학술회의를 통해 고구려를 비롯한 한국의 역사와 문화를 국제적으로 알리는 활동을 강화하여야 한다.

2004년 한국고대사학회에서는 하계 세미나의 주제를 '중국학계의 고구려사 왜곡 문제와 그 대응 방안'으로 선정하여 제반 문제를 심도 있게 논의할 예정으로 있는데, 이 때도 외국학자들을 많이 초청하여 국제적으로 고구려사가 한국사라는 것을 인정받도록 하는 것이 중요하다고 하겠다.

이밖에, 고구려사를 비롯한 한국사의 대중화를 위해서는 연구자들의 노력이 필요하다. 고구려사 연구자들이 대중교양서 집필, 신문이나 잡지의 기획 특집 기사 집필, 방송사의 다큐멘터리 제작과 각종 언론의 인터뷰 등의 활동에 적극 참여하여 고구려사 왜곡의 심각성을 홍보하고, 올바른 방향을 제시하여야 한다. 또한 국내 고구려사를 비롯한 한국사 연구자들의 연구성과를 외국어로 번역하여 세계 각국의 권위 있는 학술지에 기고하고, 단행본을 영어 등 외국어로 번역·출판하도록 하는 노력도 필요하다. 중국 학계의 논리에 대응하기 위해 그들의 주요 논저를 발간(번역)하여 연구에 활용하도록 하는 것도 중요한 작업일 것이다.

고구려사 연구센터의 설립

학문적으로 무엇보다 중요한 것은 자료를 수집하는 것이므로 고구려사 관련 문헌 목록, 고구려사 관련 사료집, 고구려사 관련 논저 출판 등을 추진하여야 한다. 남한에서 출판된 고구려사 문헌 목록을 먼저 정리하고, 그 다음 북한, 중국, 일본과 기타 외국의 출판물, 아울러 고조선과 부여 및 발해에 대한 문헌 목록도 정리해야 한다. 고구려사 관련 사료를 한국사서뿐만 아니라 중국사서, 일본사서에서 발췌하는 작업을 하고, 이어 후속 작업으로 이에 대한 역주 작업도 필요하다. 또한 고구려를 비롯한 고조선과 발해에 관한 연구서들을 출판하도록 한다. 중국이나 일본 등 외국에서 출판된 고구려와 관련된 중요한 서적들을 번역하여 연구자들이 활용할 수 있도록 하는 일도 중요하다.

이를 위하여 고구려사를 비롯한 고대사 연구 인력을 잘 활용해야 한다. 남한의 경우 고구려를 주제로 박사학위를 취득한 연구자는 14명에 불과하므로, 고구려 저서 출간 연구자, 고구려 논문발표자, 고조선와 발해를 주제로 박사학위를 취득한 연구자와 고조선과 발해에 대한 논저를 발표한 연구자들을 모두 활용하여야 할 것이다. 또한 우리나라에는 신라와 백제 및 가야를 전공하는 고대사 전공자와 고고학자 및 미술사 연구자들이 많으므로, 이들 연구자들도 적극 활용해야 할 것이다.

또한 북한 학자들을 잘 활용하도록 하는 방안이 강구되어야 한다. 지금까지 남북 공동 학술토론회의 경우 '단군과 고조선 문제'와 '일제시대의 침략정책'이 주를 이루었으나, 사실 남북한의 문화적 동질성을 회복하는 데에는 고구려 문제가 가장 중요한 주제라고 할 수 있다. 역사인식의 차이도 적고, 국호인 'KOREA'가 고구려로부터 유래하여 고려를 표기한 데서 비롯되었기 때문이다. 또한 북한 지역에는 고구려의 유적과 유물이 상당하다. 더구나 발굴조사가 이루어지지 않은 자료도 많으므로 남북한 학자들이 공동으로 조사하고 연구할 수 있다면 진정한 의미의 남북학술교류가 이루어질 수 있을 것이다.

그동안 남한에서 고구려사 연구가 활발하게 이루어지지 않은 것은 공간적 거리와 이념적 거리가 있었기 때문이다. 필자는 1985년 일본에 초빙교수로 갔다가 조선전사 중 고대편과 중세편을 갖고 귀국했던 일로 나중에 조사를 받고 포기각서까지 썼다. 이와 같이 연구자들도 문헌을 소지하고 볼 수 없었으니 연구가 제대로 이루어질 리가 없었다. 고구려에 대한 연구자들이 나타나기 시작한 것도 1990년대 이후부터이다. 1992년 한중 수교 즈음에야 고구려의 현장에 접근할 수 있었던 것이다. 역사학이란 문헌을 가지고 연구를 하는 것이지만, 현장감이 없는 연구는 생동감이 없다. 필자가 1990년 처음 중국에 있는 고구려 유적 국내성과 환도성 및 광개토대왕릉비를 답사하러 갈 때 서울에서 집안(集安)까지 자그만치 일주일이나 걸렸다. 홍콩에서 이틀간 머물러 비자를 받고, 상해에 들렀다가 북경을 거쳐 장춘을 경유하여 통화를 거쳐 집안에 이르는 데 일주일이나 소요된 것이다. 시간뿐만 아니라 그 경비 또한 만만치 않았다. 지금은 전보다 나아졌지만, 그래도 신라의 도읍 경주나 백제의 도읍 공주나 부여에 답사를 가는 것과는 시간이나 경비가 몇 배나 든다. 교수들도 그러할진대 대학원생들은 오죽하겠는가? 적극적인 지원이 있어야만 고구려를 비롯한 고조선와 발해에 대한 연구가 제대로 이루어질 수 있을 것이다.

고구려의 현장은 북한 지역에도 많이 존재하지만 이에 대한 접근은 중국보다도 더욱 어렵다. 북한 지역에 가기도 어렵지만 가더라도 마음대로 고구려 유적을 답사할 수 없다. 또한 북한에서 나온 자료들을 힘들게 구하더라도 갖고 들어오는 데 제한이 있다. 한 예로 필자는 2003년 10월 '단군 및 고조선에 관한 남북 공동 학술토론회'에 참석하고 고조선과 고구려에 대한 논저들을 구하여 갖고 들어오다가 인천공항에서 압수되어 아직도 찾지 못해 자료로 활용하지 못하고 있다.

학·민·관 네트워크 구축

우리도 중국 사회과학원 변강사지연구중심에 상응하는 연구기관을 설립하여 중장기적 대응 방안 특히 고구려사를 비롯한 고대 동북아시아 역사를 종합적으로 연구하고, 이를 국민들과 전세계를 대상으로 홍보하는 학·민·관 네트워크를 구축하여야 한다. 이를 위해 앞에서 이야기한 고구려사 연구센터를 설립하는 것이 가장 중요하다. '고구려사 연구센터'를 중심으로 관련 자료 수집, 중장기적 기초 연구, 학문 후속세대 양성, 민간 전문기관 육성, 중국의 역사 왜곡 실태 홍보 등의 제반 임무를 추진하는 것이다.

'고구려사 연구센터'는 자료센터, 연구센터, 학문 후속 세대 양성, 연구지원센터, 홍보센터 등 다양한 기능과 임무를 복합적으로 수행하여야 한다. 따라서 정부나 민간 가운데 특정 부분이 주도하는 것보다는 정부와 학계가 공동으로 운영하면서 시민단체가 측면 지원하는 학·민·관 공동 연구센터를 설립하는 것이 바람직하다. 연구센터의 운영은 유관기관의 책임자(정부, 학계, 시민단체)들이 공동으로 운영위원회를 구성하여 연수센터가 명실상부하게 학·민·관 네트워크의 구심적 역할을 수행하도록 하여야 한다.

연구센터의 구체적인 설립방안으로는 두 가지를 상정할 수 있다. 먼저 정부출연 연구기관 형태로 설립하고, 민간 전문가를 참여시키는 방안은 예산을 안정적으로 확보할 수 있기 때문에 자료센터, 연구센터, 학문 후속세대 양성, 연구지원센터 등의 임무를 지속적으로 수행할 수 있으며, 민간 전문가를 참여시킴으로써 학계의 역량을 최대한 결집시킬 수 있는 장점이 있다. 그러나 정부 출연기관이라는 특성상 시민단체들의 참여가 소극적일 수밖에 없으므로 적극적인 대(對)국민 홍보활동에는 적합하지 않다고 할 수 있다.

두 번째, 독립 재단법인의 연구센터를 설립하는 방안은 민간 전문가뿐만 아니라 시민단체의 활동도 극대화할 수 있으며, 국내외적으로 홍보활동을 적극적으로 수행할 수 있다. 그러나 정부에서 예산을 지속적으로 지원하지 않을 경우 자료센터, 연구센터, 학문 후속세대 양성, 연구지원센터 등의 기능을 제대로 수행하기 어렵다는 문제점이 있다.

한국고대사학회는 한국사 관련 17개 학회와 함께 이 문제에 대해 공동으로 대응해 나갈 것이다. 그러기 위해 정부는 자료를 수집하고 연구를 수행할 수 있는 연구센터를 설립하여 이를 지원하도록 하여야 할 것이다. 중국의 경우 '동북공정'에 수십 억 원 규모의 연구비를 책정하고 있으나, 우리의 경우 내년 예산에 수 억 원 정도의 예산이 책정되어 있다고 들었다. 또, 중국의 경우 수백 명의 연구자들이 이 프로젝트에 참여하고 있는데 우리의 경우 고구려를 주제로 박사학위를 취득한 연구자와 고구려에 대한 논문을 발표한 연구자를 모두 합쳐도 수십 명을 넘지 못한다. 따라서 고구려를 비롯한 고조선 및 발해 연구자가 이 문제에 대한 연구에 전념할 수 있도록 예산을

늘리고, 학문 후속세대들이 고구려와 발해 및 고조선사에 대해 지속적으로 연구할 수 있도록 많은 지원을 해야 한다. 정부와 학계 및 국민들이 함께 참여할 수 있는 고구려사 연구센터를 설립하여 만주 지역의 역사를 지속적으로 연구할 수 있도록 하는 것도 중요하다. 이 연구센터는 고구려사뿐만 아니라 고조선, 발해, 고려 등의 역사에 대한 자료를 수집하고 이를 연구하여, 그 성과를 일반사회에 알리는 역할을 수행하게 될 것이다.

에필로그

　고구려사를 중국 역사의 일부로 편입시키기 위한 '동북공정'의 역사 왜곡은 일본 역사교과서 사건보다 더욱 심각한 것이다. 왜냐하면 일본의 역사 왜곡 사건은 검인정 교과서 중 하나인 '새로운 역사교과서'가 문제가 된 것인데 반해 중국의 역사 왜곡은 중국의 정부기관이 나서서 진행하고 있기 때문이다. 더구나 고구려사뿐만 아니라 발해사와 고조선사까지 왜곡하고 있으므로, 이를 간과할 경우 한국의 역사는 시간적으로 2,000년밖에 되지 않으며, 공간적으로는 한강 이남으로 국한되는 결과가 올 수도 있다. 따라서 필자는 다음과 같은 대처 방안이 시급하다고 본다.

　첫째는 남북 공조이다. 고구려의 역사와 문화유산은 북한만의 것이 아니라 우리 민족 모두가 공유하는 것이다. 따라서 이번 기회에 남과 북이 상호 협조하여 고구려의 역사와 문화에 대해 공동 연구와 조사를 수행할 수 있기를 바란다. 또한 이것이 계기가 되어 남북의 학술교류가 보다 활발하게 이루어지기를 기대한다.

둘째, 중국의 학술적 인해전술과 물량공세에 의한 역사 왜곡에 대하여 우리는 국제화와 정보화를 통한 효과적인 대응방안을 모색해야 한다. 현재 '동북공정'에 대해 참고할 만한 홈페이지 하나 제대로 된 것이 없으니, IT 강국이라는 한국의 체면이 말이 아니다. 우선 '중국의 고구려사 왜곡 실태와 문제점'에 대한 홈페이지를 개설하는 것이 시급하다. 그리고 고구려사 연구센터가 설립되면 이 지역의 역사와 지리 및 민족 문제에 대한 자료를 종합적으로 관리하는 포털사이트를 설치하여야 한다.

셋째, 북한, 중국, 일본, 미국, 유럽 등의 학자들과 고구려의 역사와 문화에 대한 국제학술대회를 통해 고구려의 역사적 정체성을 확인하고, 그 결과물을 영어로 출판하는 국제적 활동을 추진하여야 한다. 한국고대사학회에서는 국제교류재단의 후원으로, 2004년 3월 26일과 27일 '고구려의 고분과 벽화의 세계'라는 주제의 국제학술회의를 계획하고 있다. 물론 고구려뿐만 아니라 고조선 및 발해를 비롯한 한국의 역사와 문화에 대한 논저를 영어로 출판하여 국제사회에 알려 인정을 받는 노력도 필요하다. 고려대학교 BK21 한국학교육연구단 국제화팀에서는 영어로 쓰여진 한국사와 한국문화 교재를 개발하여 내년 출판할 예정으로 있는데, 이러한 외국어 교재가 앞으로 보다 다양하게 출판되어야 할 것이다.

넷째, 앞으로 설립될 고구려사 연구센터를 중심으로 학·민·관 네트워크를 형성하여 고구려사를 비롯한 한국의 역사와 문화에 관한 연구가 활성화되고, 역사의 대중화가 이루어지도록 노력해야 한다.

그리고 무엇보다도 중요한 것은 국민들이 우리의 역사와 문화에 대해 관심을 갖는 일이다. 고구려사를 비롯한 우리의 역사에 대한 관심이 고조되고, 우리 역사의 정체성을 올바로 정립하여야 이 문제도 잘 해결될 것이기 때문이다. 예를 들어 네티즌들이 '중국의 고구려사 왜곡 내용과 그 문제점'들을 인터넷을 통해 국제사회에 알린다면 중국이 국제사회에서 고립되어, 더 이상의 역사 왜곡이 불가능해질 수 있다.

아울러 한국사에 대한 제도교육과 사회교육을 활성화시켜야 한다. 한국사를 학교교육에서 독립교과로 편성하여 강화시키고, 올바른 역사의식을 갖도록 사회교육이 이루어져야 한다. 그리고 정부에서 행하는 각종 자격고시에 한국사를 필수과목으로 하여 올바른 역사의식을 가진 공무원과 지식인을 양성하여야 한다. 진정한 국제화와 세계화는 자기 문화의 정체성을 바탕으로 하여야 성공할 수 있는 것이기 때문이다.

우리의 역사와 문화를 우리가 지키고 가꾸지 않는다면 누가 이를 계승하고 발전시킬 것인가?

부록

부록에 실려 있는 글들은 동북공정을 주도하고 있는 중국 사회과학원 산하 변강사지연구중심의 홈페이지(www.chinaborderland.com)의 동북공정에 대한 부분을 번역한 것이다. 독자들이 중국의 동북공정의 내용과 고구려사 왜곡에 대한 구체적 내용을 알 수 있도록 번역하여 수록하였다.

[부록1]은 동북공정의 개요이다.

[부록2]는 2003년 7월 9일부터 13일까지 장춘과 통화에서 개최한 '제2기 동북변강의 역사와 현상 및 고구려 학술연구토론회'의 종합적 서술이다.

[부록3]은 핫이슈 메뉴에 포함된 남사군도와 조어도 같은 영토 문제에 실려 있는 고구려 전문 주제 중 '고구려는 고대 중국의 지방정권'이라는 이대룡의 논설이다.

부록 1

동북공정의 개요

동북 지역은 중국의 중요한 변경 지역으로 자원이 풍부하고, 인구가 조밀하며, 문화가 발달하여, 매우 중요한 전략적 위치를 갖고 있다. 이곳은 근대 이래 열강의 침략이 확장되고 패권쟁탈이 이루어진 중요한 지역이었다. 동북변경에 대한 문제는 많은 유식자 계층이 관심을 갖는 연구 대상으로, 제국주의 어용문인들이 중국 동북에 대한 분열을 기도하기 위해 조작한 다양하고 잘못된 논의들에 대하여 비판적 논박과 반격이 진행되기도 하였다. 19세기 중엽 청인이 동북변경에 대하여 연구하여 저술한 『삭방비승』은 지금까지도 출간되고 있으며, 동북변경과 지방사 연구는 이미 150여 년의 역사를 갖고 있다. 신 중국 건설 후, 특히 개혁개방 이래로, 이 부분의 연구는 첨예하게 전개되었다. 1980년대 이래로 출판된 관련 연구저작은 대략 200여 종이며, 전문적 주제의 학술논문은 수천 편에 이른다. 학자들의 연구 내용은 대부분 동북변경과 지방역사의 분야와 관련된 것을 포함하고 있다: 이 중 지방사, 변경민족사, 경계연혁사, 조선이민중국사, 동북과 주변국가 지역관계사 등의 부분에 있어서는 비교적 많은 실적이 있었고, 관심이 집중되었다. 또한 상응하는 연구기관이 많이 건립되었고, 전문 연구 집단도 형성되었다.

개혁개방 이래 중국이 당면한 국제환경은 매우 큰 변화를 발생시켰다. 변경 지역에 대한 영향력은 더욱 중대하여 동북 지역에서 더욱 구체화되었고, 러시아·북조선·한국·몽고 그리고 일본과 미국 등의 국가와 중국이 갖는 쌍방관계·다자관계는 모두 매우 큰 변화를 일으키고 있으며, 여전히 부단한 변화의 과정을 겪고 있는 중이기도 하다.

특히 근 10년 이래로, 그 정치·경제적 지위가 나날이 상승함에 따라 동북아는 세계의 주목을 받는 주요한 지역이 되었고, 중국의 변경 지역은 그 동북아의 중심에 위치한 지역으로 대단히 중요한 전략적 지위를 갖는다. 이러한 형세 하에, 어떤 국가적 연구기관과 연구자는 역사관계 등의 분야에 대한 연구를 통해 전력을 다해 사실을 왜곡하였고, 소수의 정객은 정치적 목적 때문에 공공연히 다양하고 잘못된 의견을 퍼뜨려 동북변경의 역사와 상황에 대한 연구에 많은 도전을 가하고 있다.

동북변경 지역의 안정을 유지하고 발전을 촉진하는 것은 사회과학 연구의 신성한 사명이다. 동북변경 지역의 역사와 현상에 대한 학술 연구를 강화하고 동북변경 연구의 학과건립과 발전을 촉진시키는 일은 사회과학의 도리상 거부할 수 없는 책임이다.

동북변경의 역사와 현상에 대한 연구 학과의 건설과 발전을 더욱 촉진시키고 안정을 유지하기 위해서, 중국 사회과학원은 중앙의 비준을 통해 동북3성과 연합, '동북변경의 역사

71

와 현상에 대한 연속 연구공정'이라는 대형 학술 프로젝트를 조직하여 2002년 2월에 이를 정식으로 출범시켰다. '동북변경 지역의 역사와 현상에 대한 연속 연구공정'은 5년을 기한으로 하며, 하나의 학과, 지역, 부서를 뛰어넘는 대공정이다. 이 연구의 취지는 동북변경의 역사와 현상연구를 학술적 궤도에 올려놓고, 기초연구와 응용연구를 유기적으로 결합하여 연구를 심화시키는 데 있다. 동시에, 국제적 도전에 응하여 준비를 하고, 비교적 수준 높은 연구성과를 성취하고자 하는 것이다.

동북공정에 대한 조직적 지도를 강화하기 위해, 무엇보다도 먼저 중국 사회과학원·동북3성 당위원회선전부 등이 주가 된 지도협력기구가 성립되었고, 이철영·항회성 동지가 고문이 되었으며, 중국 사회과학원 부원장인 왕낙림 동지가 지도그룹의 주임이 되었다. 그 다음으로는 18인으로 구성된 전문위원회가 설립되어 학술검사를 책임졌고, 저명한 학자이자 중국 사회과학원의 변경사지 연구센터의 연구원인 마대정 동지가 전문위원회의 주임이 되었다. 마지막으로 중국 사회과학원, 동북3성 사회과학원의 연구부서, 대학연구기관 및 관련 직능부서의 동지들이 연구팀에 참가하여 분담·협력하는 공동연구기구를 조직하였다.

'동북공정'의 중요한 임무 중의 하나는 바로 과거의 연구성과를 총정리하고, 우수한 역량을 집중하여 역사상 의문시되어 온 문제, 현재에 있어서 관심이 집중되는 문제, 이론상의 난점을 보이는 문제를 극복하고, 총체적인 연구 수준을 비교적 크게 제고시키는 것이며, 이를 기초로 하여 계열화되고 권위 있는 연구성과를 형성하는 것이다. 이러한 과정상의 과제는 기초연구와 응용연구를 포함한 연구류, 번역류와 문서자료류의 3대 계열로 분류된다. 그 중 주요 연구 내용은 다음과 같은 것을 포함한다. 즉, 고대 중국 변경에 대한 이론 연구, 동북 지방사 연구, 동북민족사 연구, 고조선·고구려·발해사 연구, 중조관계 연구, 중국 동북변경과 러시아 원동(遠東) 지역의 정치·경제관계사 연구, 동북변경의 사회 안정전략 연구, 조선반도의 형세 변화와 중국 동북변경의 안정이 미치는 영향에 대한 연구 등이다.

이러한 기본 과정을 끝마친 후, 각각의 기초 연구성과 등은 동북변경 역사와 현상 연구를 진일보하여 천착·전개하는 데 있어서 견실한 기초를 다지게 될 것이다. 또한 변경의 안정을 유지하고 변경사회의 경제발전을 촉진하기 위해서는 주요한 연구 대상에 대한 응용연구를 실시하고, 과학연구의 이론과 방법을 채용하며, 근원을 구하고, 동태를 바짝 뒤쫓으며, 경향을 예측하여 각급 지도부서가 정책을 결정하는 데 있어서 가치 있는 학술자문을 제공하게 될 것이다.

상술한 과제 연구를 완성하기 위하여, '동북공정'의 전문위원회는 해당 학술연구 작업에 있어서 반드시 5개의 의식을 강화할 것을 강조한다. 첫째, 정치의식이다. 동북공정의 직접적인 목표는 국가의 '장치구안(長治久安)'이며, 또한 국가통일·

민족단결·변경안정의 대목표에서 출발할 것이 요구된다. 둘째, 전체 국면에 대한 의식이다. 동북공정은 동북변경을 연구 주체로 삼는데, 동북변경이 중국 변경조직의 일부이며, 동시에 통일 다민족 국가에서 분할될 수 없는 구성 부분임을 인식하는 것이다. 동북변경이 동북아에 위치해 있으므로, 동북변경을 연구하는 전략적 구조는 현재 동북아의 총체적 전략적 구조 연구와 맞아떨어질 수 없으며, 동북아에 대한 전략구조의 연구는 또한 세계구조 및 21세기의 세계에 대한 총체적인 구조 파악과 맞아떨어질 수 없다. 소위 전체적 국면에 대한 인식이라는 것은 통일민족국가에 대한 전체적 의식을 가리키며, 세계의 전체적 국면에 대하여 의식을 두는 것이다. 셋째, 책임의식이다. 사회과학연구자는 마땅히 국가에 대한 책임, 인민에 대한 책임, 역사에 대한 책임을 끊임없이 주지해야 한다. 또한 실용주의를 끊어버리고 비과학적 연구를 단절시켜야 한다. 넷째, 정품(精品)의식이다. 동북공정의 연구성과는 중국 정부의 정책 결정에 있어서 자문 제공의 복무를 수행할 수 있어야 하며, 동시에 후인(後人)들이 변경지역 역사를 연구하는 데 있어서 기초를 제공할 수 있어야 한다. 따라서 연구성과는 시간에 따른 시련을 견뎌내야 하며, 또한 학술논쟁의 시련을 견뎌내야 한다. 다섯째, 성신(誠信)의식이다. 동북공정의 학술연구 항목을 담당하는 연구자는 '자율' '성신'의 원칙을 견지해야 하며, 반드시 과제책임서(課題責任書)의 요구에 따라 제때 임무를 완성해야 한다.

'동북공정'의 전문위원회는 동북공정을 작업하는 데 있어서 '5가지 관계'를 처리할 것을 강조한다. ① 정치와 학술관계 처리 : 우리는 역사 문제를 학술화하고, 학술 문제를 정치화하는 것을 반대한다. ② 연구와 정책경영관계 처리 : 연구는 정책 결정의 기초이지만 이 연구는 정책결정과 같지 않다. 따라서 마땅히 역사에 대한 책임을 지는 태도에 입각하여 역사사실에 부합하는 정확한 결론을 도출해야 한다. 또한 '연구에는 성역이 없으나, 선전에는 기율이 있다'는 원칙에 따라서 연구와 정책결정의 관계를 처리해야 한다. ③ 기초연구와 응용연구의 관계 처리 : 역사상 난점을 갖는 문제, 현실에 있어서 첨예한 문제에 관심을 갖는 데 있어서, 역사상 난점과 현실의 첨예한 문제를 연구의 우선 과제로 삼고, 기초연구와 응용연구를 유기적으로 결합한다. ④ 개인적인 천착과 집체적인 공동연구 작업의 관계 처리 : 일정시간 내에 어떠한 주제에 대한 연구를 진행하는 데 있어서 많은 학과의 전문가가 참여할 필요도 있지만, 개인의 연구천착과 단체의 공동 연구가 유기적으로 결합해야 할 필요도 있다. 연구자는 공동목표를 위해서 상호 이해하고, 상호 양해하여 정성으로 합작할 수 있어야 한다. ⑤ 보편성과 전문성관계 처리 : 제고는 바로 정품(精品)을 산출하는 것, 즉 특히 학술 수준이 높은 정품을 산출하는 것이다. 정품 산출을 강조하는 동시에, 반드시 보급의 문제에도 주의하여야 한다. 보급은 두 가지 함의가 있는데, 하나는 대중과 직접 대면해야 하는 것, 즉 학술을 대중에게 향하도록 하여 대중이 학술을 이해할 수 있도록 하는 것이다. 둘째, 연구성과를 정련하여 조사연구를 보고하며, 역사 문제에 대한 조사연구 보고를 포괄하여 관련 부서가 참고할 수 있도록 제출한다. 보급과 제고를 잘 결합하는 것은 동북공정이 순조롭게 발전하도록 추동하는 중요한 부분이다.

'동북변경 역사와 현상에 대한 연속 연구공정'은 2002년 2월 정식으로 작업을 진행한 이래, 중국 사회과학원, 흑룡강성위원회, 길림성위원회, 요녕성위원회의 강력한 지지를 얻었고, 이철영(李鐵映) 동지, 항회성(項懷誠) 동지의 관심과 중국 사회과학원 부원장인 왕낙림(王洛林) 동지가 주임이 되어 이끈 그룹의 지도 하에, 전문위원회의 위원 및 공정연구실의 동지들이 꾸준하고 착실하게 연구하여 이 학술연구공정의 순조로운 진행을 보증하였다.

'동북공정'의 전개를 전후로, 국내 학술계의 보편적인 관심과 적극적인 참여가 일게 되었는데, 특히 동북3성의 관련 연구기관, 대학과 전문학교 그리고 전문 학자 등이 왕성한 열정을 가지고 동북공정에서 입안한 학술연구 분야에 투신한 것은 '동북공정'의 시작에서부터 지금까지 견실한 기초를 다져놓았다. '동북공정'은 비록 그 발걸음을 시작한 지 이제 막 일 년밖에 안 되었지만, 동북변경 역사와 현상에 대한 연구를 추진하고 있으며, 학과 건설과 발전이라는 중요한 임무 역시 추진하였다.

동북 지역의 학자들 이외에 국내 기타 연구자들의 광범위한 관심이 모아지고 있으며, 많은 학자들이 연구의 중심을 동북변경 역사와 현상 연구의 기획으로 한 걸음 한 걸음 옮기고 있다. 국내의 학술계가 동북변경 역사와 현상에 대한 연구에 깊이 파고들어 전개한 열렬한 조류가 나날이 거세게 형성되고 있는 것이다.

제2기 동북변경의 역사와 현상 및 고구려 학술연구토론회

　중국 사회과학원의 중국변경사지 연구센터와 길림성 사회과학원이 주최하고 요녕성 사회과학원, 흑룡강성 사회과학원, 길림대학, 동북사범대학, 요녕대학, 연변대학, 북화대학, 길림사범대학, 장춘사범학원, 통화사범학원 등의 기관이 협력한 '제2기 동북변경의 역사와 현상 및 고구려 학술연구토론회'가 2002년 7월 9일부터 13일까지, 2단계로 나뉘어 장춘과 통화시(通化市)에서 개최되었다. 북경 및 동북3성에서 온 100여 명의 전문학자가 회의에 참석하였고, 대략 70여 편의 논문이 이 회의에 제출되었다.

　회의의 중심 논제는 다음의 두 가지였다. 첫째 단계는 동북변경의 역사와 현상이었다. 두 번째 단계는 고구려전제에 대한 문제를 토론하는 것이었다. 회의에서 나타난 논문이 동북변경의 역사와 현황에 대한 다양한 부분을 언급하였기 때문에, 이하 논문과 대표적인 발언을 근거로, 전문 주제별로 회의의 연구·토론 정황을 아래와 같이 개괄적으로 서술한다.

동북변경의 역사와 현상에 대한 이론 문제

　구체적인 문제에 치중하여 이론 문제의 탐구를 홀시하는

것은, 최근에 이르기까지 학술계에 보편적으로 존재하고 있는 현상이며, 동북변경의 역사와 현상에 대한 연구 역시 예외는 아니다. 이번 회의에서는 중국역사의 강역, 변경민족 정권의 귀속 등과 같은 몇몇 중대한 이론 문제가 대표적으로 논급되었다. 또, 상당히 많은 역사 문제의 탐구에 비하여 상대적으로 통일된 이론이 부족하다는 것이 보편적으로 인식되었고, 학자들이 이미 이론 문제의 탐구에 관심을 갖기 시작하였다는 것이 분명히 나타나게 되었다. 그러나 이번에 지적된 이론에 대한 문제가 활발하게 논의되기는 하였지만 의견의 불일치가 비교적 컸으며, 다만 소수의 대표만이 상대적이고 체계적인 자기 이론을 형성하고 있었을 뿐이었다. 장벽파 선생은 과거 중국 역사강역과 관련된 여러 학설들을 논박하는 데 있어서 중화민족관, 중화강역관, 중화문화관이 상호 표리의 관계라는 시각을 바탕으로 자신만의 독특한 중국강역 형성이론을 제시하였다. 그는 중국 역사강역에 양대 층위가 있다고 주장하였는데, 하나는 중화민족이 건립한 정권 및 그 정권의 영역이 모두 중화정권이자 중화강역이며, (중화 지역은 물론 변경 지역에 건립된 독립 지방정권에 있어서) 지방정권이 중앙 왕조와 번속 관계였든지 기미관계였든지 간에, 그들의 강역은 모두 중화강역에 귀속된다는 것이다. 또 다른 하나는 변경 각지에 있었던 중화고족(中華古族)이 비록 정권을 건립하지 않았더라도 (그들이 살았던 땅에 대하여) 그들은 분명 개발자이며 건설자이므로, 그들이 생활하고 번성하였던 지역은 마땅히 중화강역에 귀속

된다는 것이다. 조영춘 선생은 '중국'이라는 개념의 기본을 연구하는 데 있어서, 중국 역사상의 강역은 마땅히 현재 중국의 영토 안에 포함되어 있는 민족으로부터 출발해야 하며, 중국 각 민족의 역사와 강역을 소급하는 데 있어서 대체로 '현재 중국의 강역에서 생활하고 있는 민족'과 '역사상 현재의 강역 내에서 살다가 이제는 이미 소실된 민족' 모두가 중화민족을 구성하는 일부분이며, 그들이 역사상 활동하였던 지역과 그들이 건립한 정권의 강역은 모두 중국 역사상의 강역을 구성하는 부분이라고 하였다. 왕경봉 선생은 '변경' '내지'라는 개념 및 역사상 중국강역이 갖는 특색에 대한 분석을 통하여, '강역 내지화'에 대한 약간의 이론 문제를 연구검토하였다.

역대 왕조의 동북 지역에 대한 경영과 개발

역대 왕조의 동북 지역에 대한 경영과 개발은 학자들이 관심을 갖는 문제 중의 하나이다. 적지 않은 학자들이 이에 대하여 연구를 진행하였는데, 주로 다음과 같은 부분에 집중되어 있었다.

첫째, 당(唐)왕조의 동북 지역에 대한 경영과 관련된 것으로, 많은 학자들이 논급하였던 바, 그 중 정나나 선생은 당대(唐代)에 동북 지역에 설치된 기미부주(羈縻府州)는 크게, 변경 지역의 도독부 지역·멸망한 소수민족의 정권 지역·소수민족 정권 지역·소수민족 부락연맹 지역·소수민족 군락 지역

등 다섯 가지 유형으로 나뉘어 설치되었고, 각기 다양한 통치 방식을 선택하였다고 인식하였다. 나아가 이를 기반으로 발해 정권의 귀속 문제도 연구하였다. 풍계창 선생은 사서의 기록을 근거로 하여 당조가 동북 지역에 건설한 기미부주의 숫자에 대한 연구를 진행하였는데, 506개의 주부군현이 건설되었다고 보았다. 이대룡 선생은 당조의 동북강역민족 관리기구에 대한 연혁 상황에 대하여 연구하였는데, 당조가 건설한 동이 교위, 동이도호부, 안동도호부는 모두 동북 지역의 소수민족을 관리하는 기구였으며, 이들 세 기구는 상계(相系)적 관계가 있다고 인식하였다. 또한 안동도호부가 고구려 지역만을 관리하는 전문기구가 아니며, 그 관할 범위 역시 단지 원(原)고구려 지역에 국한되었던 것이 아니라 동북 지역의 다양한 지역에까지 이르렀다고 하여, 안동도독부를 한 등급 낮추어 기미도독부라 하였던 이전 학자들의 인식이 부정확한 것이라는 의견을 나타내었다.

둘째, 요(遼) 왕조의 발해 이주민 정책에 대하여 역시 학자들의 논급이 있었는데, 그 중 무옥환 선생은 요 왕조의 발해 이주민에 대한 정책은 회유와 압제를 서로 결합한 특색이 있는데, 전기에 실시한 정책은 이완적이고 우호적이어서 발해 이주민들이 살던 곳에 애착을 가질 수 있었다고 인식하였다. 그러나 중·후기에 이르러서는 약간의 실수를 범하여 발해 이주민들의 저항을 야기하였고, 이 저항은 비록 진압될 수 있었지만, 분명 요 왕조의 멸망을 가속화하는 것이었다고 보았다.

셋째, 명(明) 왕조의 동북 지역에 대한 경영 역시 학자들의 관심을 모아 왔는데, 그 중 장걸 선생은 고려가 중국 고유 영토인 철령 이북 지역을 침탈한 것, 명조와 고려의 철령 경계에 대한 사무교섭, 명조의 철령위 설치 등 주원장 시기의 동북 지역 경영 과정에 대한 연구를 진행하였다.

넷째, 민국시기 동북 지역에 대한 경영 역시 학자들의 관심사였다. 그 중 의보중 선생은 민국시기 길림성의 수전개발 정책에 대한 비교적 전면적인 연구를 하였는데, 길림성의 수전 면적은 최초 천 묘도 안 되었던 것이, 개발을 통하여 1920년대 말에는 7만 묘에 이르러 일약 동북3성의 수위를 점하게 되었고, 이것은 조선 이주민들의 대량 유입과 관련이 있다고 인식하였다. 당시 길림성 지방정부가 토지를 조사, 구획하고 수리설비 건설을 고취하는 각종 정책을 제정, 수리 관리기구를 설치하고 민간수리 분규를 조정하는 등 일련의 정책과 대책의 실시를 적극적으로 추진한 결과 수전개발이 촉진되었던 것이다.

고구려에 대한 연구

고구려 문제의 연구는 회의의 중심 과제 중의 하나였다. 수십 편의 논문이 고구려에 대하여 언급하였기 때문에 학자들의 토론 역시 고구려에 그 초점이 모아져 고구려에 대한 다양한 방면의 문제가 논급되었는데, 주로 다음과 같은 부분에 집중되었다.

고구려의 귀속 문제는 여전히 학자들이 관심을 갖는 문제였다. 고구려는 중국의 고대 변경민족정권으로서 이것은 회의에 참가한 학자들이 보편적으로 인식하고 있는 것이었다. 그러나 어떻게 하면 논리상의 문제를 연구로 진행시킬 수 있는가에 대하여는 제 학자 간에 비교적 큰 의견차가 존재하였다. 손진기 선생은 고구려의 귀속은 역사상의 귀속과 함께, 각국 역사 연구의 범위와 명백히 구별하여 인식하는 것이 필요하다고 보았다. 즉, 귀속의 다른 시간, 다른 정도를 명확히 구분하고, 어떠한 이유가 정치 귀속에 대한 정확한 근거가 될 수 있는지 아닌지를 구분하여야 한다는 것이다. 또한 학술 문제와 정치 문제의 구분을 분명히 해야 한다고 하였다. 유자민 선생은 민족과 정치귀속의 논리원칙을 확정하는 것은 단지 하나만 있을 수 있는 것이 아니라 마땅히 여러 가지가 있어야 하며, 상관 문제에 대한 인식도 마땅히 구체적으로 분석하여, 하나의 정론적 사유방식을 채택해서는 안 된다고 하였다. 위국충 선생은 고구려 정권의 역사적 귀속 문제를 둘러싼 국제논쟁에 대하여 개술하였는데, 근본적으로 고구려 정권은 줄곧 중국 역대 왕조에 종속되었다고 하였다.

고구려의 민족적 근원은 장기간에 걸쳐 학술계의 의견이 분분한 문제였다. 이번 회의에서도 여전히 이 문제가 다루어졌는데, 왕면후 선생 같은 사람은 고구려의 기원에 대해 이제까지 있어 왔던 다양한 관점을 분석한 후, 문헌자료·고고자료·역사지리적 자료를 사용하여, 고구려 민족 원류의 주체가

상·주시기 요동에 있었던 고이족이며, 후에 맥부(貊部)로 발전한 것으로 인식하였다. 조덕전 선생은 고이족의 거주지·이동방향·고구려와의 관계 등에 관한 부분을 먼저 다루고 관련 문헌기록을 분석하여, 고이족은 서주 초기에 있었던 일개 북방민족으로, 먼저 고죽국에 병합되었다가 이어 연인(燕人)이 되고 마지막으로는 한족에 영입되어, 고구려와는 절대로 어떠한 관계도 없다고 하였다.

고구려의 내부 개혁은 학술계에서 중시되지 않았던 문제였다. 유거 선생은 이에 대한 연구를 통해 고구려의 흥성과 두 번에 걸친 개혁은 중대한 관계가 있다고 인식하였다. 즉, 하나는 고국천왕이 '제가'의 세력을 정리하여 왕권을 강화하고 개혁을 진행한 것이고, 다른 하나는 소수림왕의 전면적 한화(漢化)개혁이다. 전자는 고구려의 세력통합을 제고한 것으로 이를 통해 고구려는 백제와의 장기간에 걸친 경쟁에 있어서 끝까지 우위를 점하게 된다. 후자는 고구려 정권의 느슨한 상황을 개혁한 것으로, 이를 통해 고구려는 성숙기에 이르게 된다.

고구려의 고고문화는 학자들이 관심을 갖는 문제로, 이제까지 적지 않은 학자들이 이에 집중하였다. 그 중 위존성 선생은 고구려의 중요 유적과 분포상황에 대한 비교적 전면적인 논술을 진행하였다. 서일범과 주향영 선생은 압록강 이남과 철령 지역 내에 있는 고구려 산성의 분포상황 그리고 그에 대한 상관문제를 각각 검토하였다. 장설암 선생은 고구려의 대식(帶飾)에 대한 분류 연구를 진행하였는데, 공예제작, 사용기능, 연대 등의 부분에 대한 연구를 통하여 고구려와 주변 민족과의 관계를 제시하고자 하였다. 이수림 선생은 고구려인들이 돌에 새긴 '천수'신부(神符)에 대한 해독을 진행하였고, 그 밖에 그와 관련된 중대한 역사적 문제들을 연구하였다.

과거의 연구를 총결하는 것 역시 학자들이 관심을 갖는 문제였다. 강유동 선생은 고구려 연구의 과거(1894~1945)·현재(1945~1998)에 대한 종합적인 평술을 하였고, 아울러 이후(1998년 이후) 고구려 연구에 있어서의 당면 과제를 올바로 제시하였다. 보평 선생은 20세기 초 '만철역사지리조사부'의 고구려 역사 문제의 연구에 대하여 전면적인 논술을 하였는데, 연구 학자와 저작 등을 언급하였다.

동북 기타 민족에 대한 연구

고구려 이외의 기타 민족의 역사는 학자들이 관심을 갖는 연구 중의 하나였다. 몇 가지를 골라 개술하면 다음과 같다.

먼저 선진시기 동북고족에 관한 것이다. 맹고탁 선생은 고죽국의 역사에 대하여 검토하였는데, 고죽인의 민족적 원류·분포, 고죽국의 정치경제 상황, 상 왕조와의 관계, 문화유형 및 고죽국의 쇠망과 역사적 의의 등을 논급하였다. 양군 선생은 기자조선의 사회성격과 귀속 문제를 연구하였다. 서덕원 선생은 고연국, 진 왕조와 한연의 동계변천(東界變遷) 상황에 대하여 검토하였다.

동북에 있는 제 민족이 중화민족에 유입된 역사적 과정 역시 학자들의 관심을 끌고 있는 것인데, 손진기·손홍 선생은 거란·여진족이 중국에 들어와 다민족 국가 및 중화민족으로 통합되는 과정을 검토하였다. 손춘일 선생은 조선족의 중화민족 편입의 역사적 과정을 검토하였는데, 그 기간은 마땅히 청조가 '치발역복(薙髮易服)'의 정책을 실시한 때까지 소급된다고 하였다. 유후생 선생은 (더욱 많은 학자들의 관심이 모아질 것을 목적으로) 만학(滿學)의 함의에 대하여 계정하였고, 아울러 만학의 특색과 중국 역사상의 위치를 논술하였다.

중국과 조선의 관계 연구

중조관계 역시 학자들이 관심을 갖는 문제로서, 이미 역사 문제가 언급되었고, 또한 현실 문제도 언급되어 왔다.

후금과 조선의 관계는 송혜연이 관심을 갖는 문제로서, 그에 따르면 1627년 이후 금과 조선이 체결한 '형제지맹'은 실제로 번속관계의 함의가 있으나, 단지 예의와 형식에 있어서 여전히 약간의 불완전한 부분이 있어서 '반(半)번속관계'라 할 수 있고, 1637년에 이르러서는 대청(大淸)이 정식으로 조선을 번속국체계에 편입시켰으나, 이러한 관계는 겨우 10년간 유지되었다고 한다.

유위 선생은 청 중기에 내방한 조선 사절단의 경제무역활동에 대하여 검토하였는데, 이를 통해 청대 종번관계 하에 이루어진 조공무역과 그 영향을 보여주었다. 그는 조공과 회사 및 사절단에 수행한 상단(商團)의 대규모 무역활동을 통칭하여 '조공무역'이라 하였다. '조공무역'에는 엄격한 절차가 있었고, 쌍방이 이러한 방식을 통해 통일적인 대시장을 형성하는 것은 불가능한 것이었다고 하였다. 종주국의 경제적 영향력은 대단히 미약하였지만, 번속국의 입장에 있어서는 매우 중요한 대외경제무역의 경로가 되었다. 후금 시기의 '사행무역'은 '조공무역'이 아니었다. 청대 중조 간의 '조공무역'은 이미 대규모에 이르렀고, 품종은 생활용품과 토산이 주를 이루었으며, 조선의 사상, 문화, 과학의 발전에 있어서 대단히 중요한 영향력을 형성하였다. 그러나 종번체계 속의 '조공무역'은 결코 사절의 목적을 주요 임무로 하지 않았다. 조공의 정치적 의의는 무역의 가치와 비교해 보면 매우 보잘 것 없는 것이었다.

원굉광 선생의 연구 대상은 만청(晚淸)시기 중조관계인데, 이것은 과거 학계에서 매우 소수만이 관심을 가졌던 문제이다. 19세기의 60~70년대는 열강의 개입, 특히 일본의 득세로 인하여, 역사상 형성되어 온 중조 간의 종번관계에 중대한 변화가 발생한 것으로 보인다. 이로써 중조관계는 대체적으로, '전통적 번속관계의 유지' '청정부가 종주국의 지위를 강화하기 위해 종번관계를 공고히 한 것' '전통적 종번관계의 분열' '평등 외교관계' '중조관계의 종결' 등 몇 개의 역사적 시기를 겪는다고 인식된다.

초윤명 선생은 국제법의 시각에서 역사와 현실에 있어서의 중조 국경쟁의의 문제를 검토하였다. 이것은 이제까지 동북학계에서 매우 적은 관심을 받아왔던 것으로, 국경 연구에 있어 하나의 새로운 방법을 제공하여 왔다. 왕복사 선생은 조선의 불법입국자에 대한 문제를 검토·연구하기도 하였다.

이외에 동북 지방의 문화, 특히 장백산 문화, 중한 경제무역 관계 등이 약간의 학자들에 의해 관심의 대상이 되고 있으나 지면의 한계로 인하여 일일이 소개하지 못한다.

고구려 특정주제

고구려는 일찍이 고대 중국에 있어서 출현한 일개 민족으로 이들은 '고구려'를 건국하고 700여 년 동안 유지하여 왔던 바, 고대 중국의 변방에 위치한 일개 지방정권이었다. 고구려사 연구는 하나의 학술 문제로서 연구자마다 견해가 다르므로 연구 범위에 따라 각자의 견해를 밝히고 논쟁을 전개하고 있다. 같은 것은 같다[能同則同]고 하지만, 즉 원칙적이고 일치되는 의견은 취하지만, 비원칙적이고 부차적인 것은 보류하고 있다[不同則求同存異].

고구려는 고대중국의 일개 지방민족정권이다.

'高句麗'는 중국의 사서(史書)에서 '高句驪' '高驪' '高麗'라고도 칭하였던 바, 기원전 37년 동북 지역의 변경민족정권으로 출현하여 기원 668년 당조(唐朝)에 의해 멸망하기까지 7세기 동안 존재하였다. 고구려 정권의 귀속에 대하여는, 비록 중국 학술계에 부정확한 (심지어는 착오적인) 견해가 존재하기는 하나, 현재 고구려는 고대중국의 지방민족정권이라는 견해가 이미 대다수 학자들에 의해 공히 인식되고 있다. 이것은 다음의 원인에 의거한다.

첫째, 고구려는 중국 영역 내의 민족이 건립한 지방정권이다.

고구려 정권은 서한시기 현토군 고구려현 영역 내의 변경민족이 건립한 지방정권이다. 사서와 금석문 자료에 명백히 기재되어 있는 바, 고구려 정권은 부여의 일파가 남하하여, 서한의 고구려현 영역 내에 기타 변경민족이 공동으로 수립하였고, 또한 이 후로 옥저·동예·소수맥 등 기타 예맥족 계통의 성원 및 한인(漢人)·선비·숙신 등의 민족이 그 구성원으로 유입되어 점차 고구려 민족으로 융합·형성되었던 것이다. 나아가, 고구려 정권의 민족구성이 비록 그 원류에 있어서는 다양하지만, 이들은 모두 서한시기 동북변경 지역에서 활동한 민족으로, 이미 주대(周代)시기에 중앙왕조 건설에 화합하여 밀접한 관계를 맺고 있었다. 서한시기에 이르러 이들은 서한 현토군에서 활동하였는데, 서한 왕조의 효율적인 관할을 받아들이고 있었고, 고구려 정권의 건립 초기에도 서한은 고구려에 대하여 여전히 구체적이고 직접적인 관리를 하였다. 『삼국지』 위서 고구려전을 보면, "漢時賜鼓吹技人, 常從玄冤郡受朝服衣幘, 高句麗領主其名籍"이라 하여, 현토군에서 고구려에 대한 사무를 관리하였고, 의복을 제공함은 물론 고구려 현령은 고구려국의 '명적', 즉 호적을 관장하고 고구려의 구체적인 사무를 책임지고 처리하였음을 알 수 있다. 당조는 수(隋) 왕조를 계승하여 끊임없이 군사를 일으켜 고구려를 통합하였는데, 그 이유 중의 하나는 고구려의 활동 지역이 매우 이른 시기, 즉 전대(前代)로부터 중국이 통치를 실시한 지역이었기 때문이었다.

분명한 사실은 비록 예맥설, 부여설, 고이설, 상인설, 염제설 등등 고구려 민족의 기원에 대한 다양한 견해가 여전히 존재하고 있지만, 이들 민족들은 모두 중국 영역의 민족으로서 고구려 민족의 귀속성질을 절대 변화시킬 수는 없었다.

둘째, 고려의 활동 중심이 이동하며 그에 따라 몇 번의 천도가 있었으나, 결코 한사군의 범위를 벗어나지는 않았다.

고구려 정권은 건립 후, 세력의 전개에 따라 몇 차례 천도를 하였는데, 홀승골성, 위나암성, 환도성, 평양성, 장안성 등이 모두 고구려의 도성이었다. 일반적으로 현재의 요녕성 환인현성 부근의 오녀산성은 이른 시기 고구려의 도성으로 인식되고 있다. 위나암성은 현재 길림성 집안시 패왕조산(覇王朝山) 산성에 있으며, 환도성은 현재 길림성 집안시에 위치하고 있다. 이밖에 평양성, 장안성은 현재 조선의 평양 부근에 위치하고 있다. 비록 고구려 후기의 도성이 현재 중국의 영역 밖으로 옮겨 갔지만, 고구려의 흥기 이전 서한시기부터 동북 지역에는 현토, 임둔, 진번 등의 군이 있었고, 그 관할 범위가 현재 중국 동북 지역과 조선반도 북부 지역을 포괄하고 있었기 때문에 고구려의 활동 중심은 서한의 사군이 관할하고 있었던 원래의 범위를 결코 벗어나지 않았다.

셋째, 고구려는 줄곧 중국 역대 중앙왕조와 군신관계를 유지하였고, 결코 '중국'의 밖으로 벗어나기 위해 그 관계를 스스로 끊지 않았다.

이 부분은 중국 정세의 영향을 받는데, 고구려에 대한 역대 왕조의 관리는 직접에서 간접으로, 다시 간접에서 직접으로의 변화 과정을 겪었다. 양한(兩漢) 왕조는 직접적으로 고구려를 관리하였다. 삼국·양진·남북조 시기 중원에서 내란이 발발하고 고구려의 세력이 발전하게 되자, 주변의 정권을 제외한 중국의 다수 분할 정권들은 고구려와 화친하여 신속관계를 유지하고자 하였다. 수당시기에 이르러 중국이 분열을 매듭짓자, 수·당 왕조는 다시 고구려에 대해 실시하고 있던 간접통치에 만족하지 못했고, 서기 668년 수당 양 왕조의 노력을 통하여, 고구려는 결국 안동도호부의 관할하에 들어가게 된다. 비록 관리방식의 차이는 있으나, 역대 왕조의 통치자들은 고구려의 활동 영역을 중국의 고유한 영토로 인식하였던 것이다. 수대의 통치자들은 "高驪之地, 本孤竹國也. 周代以之封于箕子, 漢世分爲三郡, 晉世亦統遼東. 今乃不臣, 別爲外域, 故先帝疾焉, 欲征之久矣"(『수서』「배구전」)라고 인식하였다. 당 태종 역시 고구려에 대하여 "古中國地, 而莫離支賊殺其主, 朕將自行經略之"(『신당서』「동이고려열전」)라 하였으니, 이와 같은 인식처럼 수당 양 왕조는 확실히 고구려의 통합을 위하여 온 국가의 역량을 아끼지 않았던 것이다.

고구려 또한 '중국' 밖으로 벗어나기 위해 스스로 관계를 끊지는 않았다. 7세기에 걸친 기나긴 시간 동안 고구려는 각각의 중국 왕조와 화친을 하였는데, 특히 삼국·양진·남북조 시기 대분열의 기간에 처한 중국의 각개 분할 정권들은 모두 밀접한 군속관계를 유지하였다. 당조의 건립 후 고구려는 "上

封域圖" 및 『통전』 「고구려전」에 기록된 바, "自東晉, 宋至 于齊, 梁, 後魏, 後周, 其主皆受南北兩朝封爵"이라 하였다. 역시 '중국' 밖으로 벗어나기 위해 스스로 관계를 끊지 않았 기 때문에 당조가 고구려를 통일한 이후에도 대부분의 고구려 인들은 중국이 통일 국가를 세우고 유지하는 데 있어서 (특히 천남생, 고선지, 왕모중, 왕사례, 이정기 등과 같은 사람들은) 전 공을 세우고 역사에 이름을 남겼다.

넷째, 고구려 멸망 후에 그 주체 집단은 한족에 융합되었다.

학자들의 연구에 따르면, 고구려의 원래 인구는 70여 만 명 이었는데, 당 왕조가 고구려를 통일한 후 이들 고구려인들은 크게 4부분으로 이동하였다고 한다. 첫 번째로 중원으로 천거 하였다. 당 태종, 고종 왕조 때에는 30만에 가까운 사람들이 중원으로 이동하였는데, 이는 전체 고구려인의 절반에 가까운 수를 점하며, 그 분포지는 오늘날의 북경, 하남, 안휘, 강소, 호북, 산서, 섬서, 감숙, 사천 등의 다양한 지역을 포함한다. 이들 고구려인들은 점차로 한족 등의 민족으로 융합된 경우이 다. 둘째는 오늘날 조선족의 조상이 건립한 정권인 신라에 유 입되었다. 스스로 찾아가거나, 포로로 잡히거나, 편입되는 등 의 방식을 통하여 신라에 들어간 고구려인들은 대략 10여 만 정도가 있었다. 세 번째는 말갈, 즉 발해로 망명한 경우이다. 발해국이 건립된 이후 옛 고구려 땅에 유거하였던 고구려인들 은 발해로 찾아들어 갔다. 그 수는 대략 10만 이상에 다다르 며, 이들 고구려인들은 이후 발해족의 구성을 이루었지만, 금대에 이르러서는 점차로 여진족에 융합되고, 금조의 멸망 후 대다수가 한족으로 유입된다. 넷째는 중국 고대 북방에 있었던 돌궐 등의 민족에 산입되는 것으로, 그 수는 만여 명 정도이다. 전쟁중에 사망한 인구를 이들에 더하면, 고구려의 원 인구수와 대체로 일치하게 된다. 이로 인하여, 고구려 멸망 이후 절대다수의 고구려인들이 중화민족의 일부로 융합되었음을 알 수 있다.

이상의 각 부분을 종합해 보면, 고구려가 고대 중국의 지방 민족정권이었음은 역사적 사실에 부합하는 것이며, 고구려가 오늘날 중국의 영역 밖으로 도성을 이동하였음은 물론, 일부분의 고구려인들이 중국 영역 밖의 민족에 융합되었다는 것은, 고구려 정권의 귀속성질을 변화시킬 수 없는 것이라 인식된다.

중국의 고구려사 왜곡

| 펴낸날 | 초판 1쇄 2004년 2월 10일 |
| | 초판 10쇄 2014년 4월 4일 |

지은이	최광식
펴낸이	심만수
펴낸곳	(주)살림출판사
출판등록	1989년 11월 1일 제9-210호

주소	경기도 파주시 광인사길 30
전화	031-955-1350 팩스 031-624-1356
기획 · 편집	031-955-4662
홈페이지	http://www.sallimbooks.com
이메일	book@sallimbooks.com

| ISBN | 978-89-522-0185-0 04080 |

085 책과 세계

강유원(철학자)

책이라는 텍스트는 본래 세계라는 맥락에서 생겨났다. 인류가 남긴 고전의 중요성은 바로 우리가 가 볼 수 없는 세계를 글자라는 매개를 통해서 우리에게 생생하게 전해 주는 것이다. 이 책은 역사라는 시간과 지상이라고 하는 공간 속에 나타났던 텍스트를 통해 고전에 담겨진 사회와 사상을 드러내려 한다.

056 중국의 고구려사 왜곡   eBook

최광식(고려대 한국사학과 교수)

중국의 고구려사 왜곡의 숨은 의도와 논리, 그리고 우리의 대응 방안을 다뤘다. 저자는 동북공정이 국가 차원에서 진행되는 정치적 프로젝트임을 치밀하게 증언한다. 경제적 목적과 영토 확장의 이해관계 등이 복잡하게 얽혀 있는 동북공정의 진정한 배경에 대한 설명, 고구려의 역사적 정체성에 대한 문제, 고구려사 왜곡에 대한 우리의 대처방법 등이 소개된다.

291 프랑스 혁명   eBook

서정복(충남대 사학과 교수)

프랑스 혁명은 시민혁명의 모델이자 근대 시민국가 탄생의 상징이지만, 그 실상을 아는 사람은 많지 않다. 프랑스 혁명이 바스티유 습격 이전에 이미 시작되었으며, 자유와 평등 그리고 공화정의 꽃을 피기 위해 너무 많은 피를 흘렸고, 혁명의 과정에서 해방과 공포가 엇갈리고 있었다는 등의 이야기를 통해 프랑스 혁명의 실상을 소개한다.

139 신용하 교수의 독도 이야기   eBook

신용하(백범학술원 원장)

사학계의 원로이자 독도 관련 연구의 대가인 신용하 교수가 일본의 독도 영토 편입문제를 걱정하며 일반 독자가 읽기 쉽게 쓴 책. 저자는 역사적으로나 국제법상으로 실효적 점유상으로나, 어느 측면에서 보아도 독도는 명백하게 우리 땅이라고 주장하며 여러 가지 역사적인 자료를 제시한다.

144 페르시아 문화

eBook

신규섭(한국외대 연구교

인류 최초 문명의 뿌리에서 뻗어 나와 아랍을 넘어 중국, 인도
파키스탄, 심지어 그리스에까지 흔적을 남긴 페르시아 문화에
한 개론서. 이 책은 오랫동안 베일에 가려 있던 페르시아 문명
소개하여 이슬람에 대한 편견과 오해를 바로 잡는다. 이태백이
관계였다는 사실, 돈황과 서역, 이란의 현대 문화 등이 서술된다.

086 유럽왕실의 탄생

김현수(단국대 역사학과 교

인류에게 '예술과 문명' 그리고 '근대와 국가'라는 개념을 선사
유럽왕실. 유럽왕실의 탄생배경과 그 정체성은 무엇인가? 이 책
게르만의 한 종족인 프랑크족과 메로빙거 왕조, 프랑스의 카페
조, 독일의 작센 왕조, 잉글랜드의 웨섹스 왕조 등 수많은 왕조
출현과 쇠퇴를 통해 유럽 역사의 변천을 소개한다.

016 이슬람 문화

이희수(한양대 문화인류학과 교

이슬람교와 무슬림의 삶, 테러와 팔레스타인 문제 등 이슬람 문
전반을 다룬 책. 저자는 그들의 멋과 가치관을 흥미롭게 설명하
서 한편으로 오해와 편견에 사로잡혀 있던 시각의 일대 전환을
구한다. 이슬람교와 기독교의 관계, 무슬림의 삶과 낭만, 이슬
원리주의와 지하드의 실상, 팔레스타인 분할 과정 등의 내용이
개된다.

100 여행 이야기

eBook

이진홍(한국외대 강

이 책은 여행의 본질 위를 '길거리의 철학자'처럼 편안하게 소
한다. 먼저 여행의 역사를 더듬어 봄으로써 여행이 어떻게 인
역사의 형성과 같이해 왔는지를 생각하고, 다음으로 여행의 사
학적 · 심리학적 의미를 추적함으로써 여행에 어떤 의미를 부여
것인가에 대해 말한다. 또한 우리의 내면과 여행의 관계 정의
시도한다.

293 문화대혁명 중국 현대사의 트라우마

백승욱(중앙대 사회학과 교수)

중국의 문화대혁명은 한두 줄의 정부 공식 입장을 통해 정리될 수 없는 중대한 사건이다. 20세기 중국의 모든 모순은 사실 문화대혁명 시기에 집약되어 있다고 해도 과언이 아니다. 사회주의 시기의 국가 · 당 · 대중의 모순이라는 문제의 복판에서 문화대혁명을 다시 읽을 필요가 있는 지금, 이 책은 문화대혁명에 대한 안내자가 될 것이다.

174 정치의 원형을 찾아서

최자영(부산외국어대학교 HK교수)

인류가 걸어온 모든 정치체제들을 매우 짧은 기간 동안 시험하고 정비한 나라, 그리스. 이 책은 과두정, 민주정, 참주정 등 고대 그리스의 정치사를 추적하고, 정치가들의 파란만장한 일화 등을 소개하고 있다. 특히 이 책의 저자는 아테네인들이 추구했던 정치방법이 오늘 우리 사회가 당면한 문제를 해결할 수 있는 지혜의 발견에 도움을 줄 수 있을 것이라고 말한다.

420 위대한 도서관 건축순례

최정태(부산대학교 명예교수)

이 책은 도서관의 건축을 중심으로 다룬 일종의 기행문이다. 고대 도서관에서부터 21세기에 완공된 최첨단 도서관까지, 필자는 가능한 많은 도서관을 직접 찾아보려고 애썼다. 미처 방문하지 못한 도서관에 대해서는 문헌과 그림 등 가능한 많은 정보를 수집하려 노력했다. 필자의 단상들을 함께 읽는 동안 우리 사회에서 도서관이 차지하는 의미에 대해 다시 생각하게 된다.

421 아름다운 도서관 오디세이

최정태(부산대학교 명예교수)

이 책은 문헌정보학과에서 자료 조직을 공부하고 평생을 도서관에 몸담았던 한 도서관 애찬가의 고백이다. 필자는 퇴임 후 지금까지 도서관을 돌아다니면서 직접 보고 배운 것이 40여 년 동안 강단과 현장에서 보고 얻은 이야기보다 훨씬 많았다고 말한다. '세계 도서관 여행 가이드'라 불러도 손색없을 만큼 풍부하고 다채로운 내용이 이 한 권에 담겼다.

eBook 표시가 되어있는 도서는 전자책으로 구매가 가능합니다.

016 이슬람 문화 | 이희수
017 살롱문화 | 서정복 eBook
020 문신의 역사 | 조현설 eBook
038 헬레니즘 | 윤진 eBook
066 중국의 고구려사 왜곡 | 최광식 eBook
085 책과 세계 | 강유원
086 유럽왕실의 탄생 | 김현수 eBook
087 박물관의 탄생 | 전진성
088 절대왕정의 탄생 | 임승휘 eBook
100 여행 이야기 | 이진홍 eBook
101 아테네 | 장영란 eBook
102 로마 | 한형곤 eBook
103 이스탄불 | 이희수 eBook
104 예루살렘 | 최창모
105 상트 페테르부르크 | 방일권 eBook
106 하이델베르크 | 곽병휴
107 파리 | 김복래 eBook
108 바르샤바 | 최건영
109 부에노스아이레스 | 고부안 eBook
110 멕시코 시티 | 정혜주 eBook
111 나이로비 | 양철준 eBook
112 고대 올림픽의 세계 | 김복희 eBook
113 종교와 스포츠 | 이창익
115 그리스 문명 | 최혜영
116 그리스와 로마 | 김덕수 eBook
117 알렉산드로스 | 조현미
138 세계지도의 역사와 한반도의 발견 | 김상근 eBook
139 신용하 교수의 독도 이야기 | 신용하
140 간도는 누구의 땅인가 | 이성환
143 바로크 | 신정아 eBook

144 페르시아 문화 | 신규섭 eBook
150 모던 걸, 여우 목도리를 버려라 | 김주리 eBook
151 누가 하이카라 여성을 데리고 사누 | 김미지 eBook
152 스위트 홈의 기원 | 백지혜 eBook
153 대중적 감수성의 탄생 | 강심호 eBook
154 에로 그로 넌센스 | 소래섭 eBook
155 소리가 만들어낸 근대의 풍경 | 이승원 eBook
156 서울은 어떻게 계획되었는가 | 염복규 eBook
157 부엌의 문화사 | 함한희
171 프랑크푸르트 | 이기식 eBook
172 바그다드 | 이동은 eBook
173 아테네인, 스파르타인 | 윤진 eBook
174 정치의 원형을 찾아서 | 최자영
175 소르본 대학 | 서정복 eBook
187 일본의 서양문화 수용사 | 정하미
188 번역과 일본의 근대 | 최경옥
189 전쟁국가 일본 | 이성환 eBook
191 일본 누드 문화사 | 최유경
192 주신구라 | 이준섭
193 일본의 신사 | 박규태 eBook
220 십자군, 성전과 약탈의 역사 | 진원숙
239 프라하 | 김규진 eBook
240 부다페스트 | 김성진 eBook
241 보스턴 | 황선희
242 돈황 | 전인초 eBook
249 서양 무기의 역사 | 이내주
250 백화점의 문화사 | 김인호
251 초콜릿 이야기 | 정한진
252 향신료 이야기 | 정한진
259 와인의 문화사 | 고형욱

269 이라크의 역사 | 공일주
283 초기 기독교 이야기 | 진원숙
285 비잔틴제국 | 진원숙
286 오스만제국 | 진원숙
291 프랑스 혁명 | 서정복 eBook
292 메이지유신 | 장인성
293 문화대혁명 | 백승욱 eBook
294 기생 이야기 | 신현규 eBook
295 에베레스트 | 김법모 eBook
296 빈 | 인성기 eBook
297 발트3국 | 서진석 eBook
298 아일랜드 | 한일동
308 홍차 이야기 | 정은희 eBook
317 대학의 역사 | 이광주
318 이슬람의 탄생 | 진원숙
335 고대 페르시아의 역사 | 유흥태
336 이란의 역사 | 유흥태
337 에스파한 | 유흥태
342 다방과 카페, 모던보이의 아지트 | 장유정
343 역사 속의 채식인 | 이광조
371 대공황 시대 | 양동휴
420 위대한 도서관 건축순례 | 최정태 eBook
421 아름다운 도서관 오디세이 | 최정태 eBook
423 서양 건축과 실내 디자인의 역사 | 천진희
424 서양 가구의 역사 | 공혜원
437 알렉산드리아 비블리오테카 | 남태우 eBook
439 전통 영묘의 보고, 규장각 | 신병주 eBook
443 국제난민 이야기 | 김철민 eBook
462 장군 이순신 | 도현신 eBook
463 전쟁의 심리학 | 이윤규 eBook

(주)살림출판사
www.sallimbooks.com
주소 경기도 파주시 문발동 522-1 | 전화 031-955-1350 | 팩스 031-955-1355